镜 人
像 间

方尖碑 出品

夏目漱石回忆录

[日]夏目漱石 —— 著

陈修齐 —— 译

古吴轩出版社

夏目漱石

目　录

我 的 过 去①

　　根津的大观音附近，坐落着金田夫人的家、二弦琴师傅的家、车脚行、落云馆中学等，皆是《我是猫》②中出现过的地点。在这片街坊四邻居住的房屋中，有一间连名牌都贴不好的旧屋，便是苦沙弥老师③的居所。去年临近年末时，他搬到西片町去了。"喂，这回我的家在二楼。"漱石子像丸善④的二掌柜似的，在书堆中一边捏着胡子，一边说道。此时，檐廊处响起咔嚓咔嚓的声音。定睛一看，一只肥硕的三花猫从纸拉门的破洞处猛地钻出脑袋，冲我⑤"喵呜"地叫了一声。

　　那只猫在我搬来这里之后，还时不时会返回千驮木的旧家。

---

①　本文写于明治三十七年（1904）。
②　夏目漱石创作的长篇小说，也是其代表作。
③　《我是猫》中出现的人物。
④　明治二年（1869）创立的丸善株式会社，主要销售进口书籍、办公用品等。
⑤　这里的"我"指的是夏目漱石的朋友，下文的"我"则是漱石本人。这篇是漱石以和朋友对话的口吻创作的回忆录。

前几天，我看见这家伙在路边小便，便将它抓住带了回来。旧家果然是令人眷恋的地方。——什么，我的旧家啊。你可不能看轻我啊。别看我这样，也是个地地道道的江户儿郎①呢。但是，虽说是江户儿郎，家里却无甚权势地没落了。我出生在牛迂的马场下②。

父亲是马场下町的名主③，名叫小兵卫。家里并没有做什么生意。所谓的名主似乎与庄头一样，每日处理大大小小的纷争，有着不菲的收入。现在，那间派出所——喜久井町往下走过去的地方的对面有一家名叫小仓屋的酒馆。在高田马场上刺杀仇敌的堀部武庸④，曾在那儿站着喝过酒。那是间保留了堀部武庸用过的酒杯的酒馆。从那儿上坡，走过两三间住家后，便有一间旧家具店。沿着家具店隔壁的小路一直往里走，似乎就是我那正门腐朽殆尽的旧家，现在或许已经荡然无存了吧。我们家族可是武田信玄⑤的后裔，很了不起吧？但是，也发生过一件不太光彩的事。不知道我的第几代先祖，据说曾经干过背叛主君之类的事儿。家纹⑥是井字框中加上菊花花纹。听说现在那附近

---

① 指在东京出生、东京长大的人。这个词充满江户市井的生活气息，
   江户儿郎往往具备男子汉气质，豪爽仗义，花钱痛快。
② 今东京都新宿区喜久井町。
③ 江户时代的职业，相当于现在的村主任，受郡代或代官的领导，
   统辖全村、收取年贡、派遣劳役等。
④ 赤穗浪士，因在高田马场的决斗中为叔父报仇得名。
⑤ 日本战国时期著名的政治家、军事家。
⑥ 家徽。家族的标志。在日本起初限于统治阶层使用，江户时代起
   平民阶层开始使用。

之所以叫喜久井町，是因为喜久井是从我家的家纹——菊井变化而来的。① 这还是我父亲起的名字呢！明治初期就是这样，那是名主这一职业尚存的时代。

名主分为两种，一种允许带刀②，另一种则不然。我不记得父亲属于哪一种。那间坐落在大型当铺相模屋与酒馆之间的长屋③，便是我家的长屋。那时，因只有名主才有资格修建正门，父亲便得了"正门大人"这一新颖的称号，还因此得意了许久。

房子直到明治十四五年还是存在的。但哥哥们都是些游手好闲的家伙，胡乱挥霍，到最后连房子也不得不转手他人。我的长兄在当时的大学研究化学，不久后去世。二哥是个行事荒唐的浪荡子，经常穿着进口细条纹布制成的和服流连于吉原④等地，豢养艺伎，后来他也死了。三哥倒是平安无事地待在牛迁，但不在马场下的旧家。马场下的旧家在许久以前就已经是别人的所有物了。

我就是在这样一群吊儿郎当、自由散漫的哥哥中长大成人的。表兄弟中也有几位精通游乐之道的人才。因此，我们家就

① 日文的喜久井（きくい）与菊井（きくい）谐音。
② 日文称为带刀御免，是一种恩典。指在江户时代，武士以外的人按照家世或功劳获准带刀。
③ 江户时代常见的狭长形房屋。
④ 江户时代出名的花柳街，官府公开允许开设妓院的集中地。明治时期后，吉原逐渐缩小规模。

像是"八笑人"① 或"七变人"② 集会的宅邸一般，难有片刻安宁。终日有人捏着嗓子，用戏曲假声说话，还有人聚在一起，说着外行人落语③。

我一直被长兄监护着，长兄身上其实也充分具备浪荡子的资质。我嘛，老实说也有不少。但无论如何，我没钱也没时间挥霍，所以只好装作慎言笃行的君子，终日与猫为伴。我小的时候，是个顽皮的孩子，喜欢与人争吵，因此经常被人斥为暴徒。沿着那条穴八幡的长坡直走，就会出现通往源兵卫村的岔道口。再往前走一点，靠近诹访森林的地方，有一幢贵人宅邸，贵人名叫越后大人。桑木严翼④母亲的娘家就在那幢宅邸中，似乎叫作铃木，铃木家的儿子时不时地会来我家玩耍。

我家屋后有五六棵巨大的枣树，都说和《哥儿》⑤ 里的描写相似，或许真的如此吧。《哥儿》里有一位叫阿清的热心老婢，我家实际上也有那么一位老婢，对我宠爱有加。《哥儿》里有这样的情节，哥儿将阿清给的钱包遗落在厕所后，阿清特意将其拾回交给了哥儿。在我的记忆中，自己是没有收过女佣钱的，但钱包这一情节却实实在在发生过。我的发小中，如今颇有名

---

① 出自《花历八笑人》。《花历八笑人》，日本滑稽剧，描写日本江户八个游手好闲的二流子在赏花会等处出尽洋相的滑稽故事。
② 和《花历八笑人》类似的滑稽剧。
③ 日本传统曲艺形式之一，类似于中国的单口相声。
④ 桑木严翼，日本著名哲学家，著有《哲学概论》《康德与现代哲学》等。
⑤ 夏目漱石创作的中篇小说。

气的只有一个叫山口弘一的人。听说那个人好像在学习院①做老师，抑或从事着其他的职业，详细情况不得而知。

不久后我虽升入初中，但读到中途便作罢。为考入预备学校②做准备，去了当时位于骏河台的成立学舍。那个时期结交的朋友中，有人成了声名显赫的大人物。之后，我便进入了预备学校学习。虽与山田美妙斋③是同级，但关系并不十分亲密。我和正冈④就是从那个时候开始成为朋友的，两人经常一起写写俳句。正冈的性情比我更加古怪，对不合心意的家伙往往一句话都不说。他是个孤高冷峭、个性有趣的男人。不知出于何种缘由，他似乎对我颇为中意，我们成了亲密无间的好友。比我高一年级的有川上眉山、石桥思案、尾崎红叶⑤等人。红叶在学校的表现并不出众，与我也没有什么来往。不久之后，红叶的小说开始走红。那时，我虽做梦也没想过要写小说，但觉得"什么呀，那种玩意儿我也能立马写出来"。

正好是大学三年级吧，我去了如今的早稻田大学，也就是过去的东京专门学校做英语教师。我被迫教了一本艰涩难懂的书——弥尔顿⑥的《论出版自由》，曾为此大伤脑筋。藤野古白

---

① 日本宫内省直辖的皇族、华族子女接受教育的学校。

② 类似于高中。

③ 即山田美妙。明治时期的文学家，代表作有《武藏野》等。

④ 正冈子规，明治时代著名诗人、散文家。夏目漱石挚友。

⑤ 尾崎红叶，日本近代著名小说家、散文家，代表作有《金色夜叉》《多情多恨》等。

⑥ 弥尔顿，英国诗人、政论家，代表作有《失乐园》《力士参孙》等。

是早稻田的学生，也是子规和我的朋友。他住在姿见桥——太田道灌的山吹之里①附近——旁边的单身宿舍。离我马场下的旧家不远，所以我时不时去那里与他进行热烈的讨论。那个男人你也认识吧，他后来因为精神错乱自杀了。为了怀念他，我好像还在《新俳句》上写了一首俳句。

　　　　想起的是

　　　　名唤古白春之人

　　之后，我辞去了早稻田代课老师的工作。当然，这是我读大学时发生的事。其间，我时而待在宿舍，时而待在旧家，到处变换着住所。明治二十六年，我大学毕业。大学里文科毕业的同伴因时代的不同，境遇也大不相同。从高山②毕业的时候起，社会风潮就开始改变了。上田敏君③也属于那个时代，那个时代出了不少才华横溢的人物，我则属于前一个时代，即所谓的停滞时代。

　　离开学校之后，我去伊予的松山中学当了一段时间老师。《哥儿》里操着松山口音的那帮初中生，就出自这里。我可没有做过《哥儿》里主人公做的事。但书里写的温泉之类的地方是真实存在的，拎着红色毛巾在大街上走也是事实。另一件让我

---

① 太田道灌，室町时代后期的武将，江户城的建造者。山吹之里指的是太田道灌外出遭遇大雨，偶遇农家少女，向其借蓑衣的地方。
② 应指日本近代作家高山樗牛。
③ 上田敏，日本著名诗人、评论家。

头疼的事是，松山中学里真的有一位绰号叫"豪猪"的老师，与小说中写的分毫不差。因此，常有人说漱石把那个男人写进书里啦。我的本意绝非如此，所以颇感无奈。

后来，我从松山调职到了熊本的高等学校，在那里待了一段时间。之后，文部省命我去英国留学。我去了，又回来了。目前在大学①、一高②和明治大学里做讲师，忙得脚不沾地。

你问落语？我当然喜欢，经常去牛迂肴町的和良店听落语呢。我小时候最喜欢的还是讲释③，东京表演讲释的小剧场几乎被我跑了个遍。毕竟兄长们都是些喜好游乐之徒，我自然而然就喜欢落语、讲释之类的玩意儿了。说起落语家，从我家往穴八幡的方向稍微走一点，右边就有一幢宅邸，主人名叫松本顺。那人在我小时候是当时的军医总监，地位显赫，好耍威风。圆游等落语家经常出入他家。

我的过去大致就是这样。说是讲过去的故事，似乎混入了不少我现在的生活，你帮我好好整理吧。

① 指东京大学。
② 指第一高等学校。
③ 指对武勇传记、复仇、政论和实录等的"讲义读释"。

落　第[1]

　　那时，东京只有一所称得上初中的学校，名字我已记得不太清楚，但应该位于如今的高等商业学校附近。我入学时约莫十二三岁吧。感觉上来讲，比现在的初中生年纪小了许多。学校分正则、变则两种学制。正则学习一般的通识课程，变则主要学习英语。当时，就读变则的有现在京都文科大学的校长狩野、冈田良平等人。我属于正则，和柳谷卯三郎、中川小十郎等人是同学。变则注重英语学习，所以更容易考进预备学校（现在的高等学校[2]）。正则不学习英语，毕业之后需额外补习英语，方可就读预备学校。我的初中生活乏善可陈，只读了两三年便退学，转学去了三岛中洲老师的二松学舍。一同就读二松学舍、如今略有名气的有京都大学的田岛锦治、井上密等人。在前段时间的战争[3]中，被掳劫到俄国的小城，似乎也是那里的同学。学舍之类的私塾，不完善之处颇多。教室的污脏程度是

----

[1]　本文写于明治三十九年（1906）。
[2]　日本旧制高中的正式称呼。
[3]　指日俄战争。

如今的学生想象不出来的。地板上铺着露出乌黑草芯的榻榻米，课桌是没有的。上课时，学生们毫无秩序地围坐在一处，听老师讲课。轮讲①就像抽纸牌一般轮流进行。决定轮讲顺序时，会在竹筒中放入细长的竹签。摇晃竹筒后，学生从中抽取一根，根据签上的数字决定顺序。签上写的并非是一、二、三等单纯的数字，而是一东、二冬、三江、四支、五微、六鱼、七虞、八齐、九佳、十灰等②，连抽签都要体现汉学。其中，有的签会省去一、二、三等数字，只写东、冬、江等诗韵。抽到虞就是第七，抽到微则是第五，一目了然。因此，有时也会用这种签决定轮讲顺序。学舍早上六点或七点开始上课，与过去的寺子屋③无异，没有一点儿像学校的地方。那时的寄宿费也极其便宜（我从家走读，并未寄宿），记得似乎是每月两日元。

　　我原本就喜欢汉学，出于兴趣，阅读了许多汉文书籍。虽然现在研究的是英美文学，那时却极其讨厌英语，对英文书籍，是连碰都不想碰的。哥哥那时正学习英语，便在家一点点教我。可教的人是个急性子，学的人又毫无兴趣，自然无法教得长久。学到初级第二册便作罢。但仔细想想，只阅读汉文书籍，在这个文明开化的时代做一个汉学家也挺没意思的。我并非有做汉学家的想法，只是觉得如此生活下去甚是无聊，便想着姑且进

---

① 一本书由数人轮流讲解。

② 一东、二冬、三江、四支、五微、六鱼、七虞、八齐、九佳、十灰等指汉诗的诗韵。

③ 私塾旧称，指江户中期以后的私塾。

大学学点什么。当时地方每个县只有一所初中，初中毕业的学生基本无须考试便可进入预备学校。东京只有一间初中，变则的学生容易考上预备学校，而正则的学生必须额外学习英语。所以想考预备学校的人多数会进入成立学舍、共立学舍、进文学舍——坪内先生①等人就读于此，位于本乡壹岐殿坂上端附近——等性质类似的两三所补习学校，为入学考试做准备。因此，我也下了很大决心，为考入预备学校去了成立学舍——位于骏河台，似乎在曾我祐准②家附近。一年多的时间，几乎都在拼命地学习英语。我的英语只有初级第二册的水平，突然插入高级班后，一开始读的就是斯温顿③的《世界史》之类的书籍。初时当然一点都读不明白，但那时的我把喜爱的汉文书籍一本不剩地卖掉，如痴如醉地钻研起英语来，渐渐地终于能读懂，并于那年（明治十七年）夏天幸运地考上了预备学校。同一初中的狩野、冈田等人因为就读于变则，所以先我一步进入了预备学校。像我这样，为进入预备学校先后辗转二松学舍、成立学舍等私塾的，自然落后于人了。

不管过程如何，预备学校是考上了。然而，我好逸恶劳的本性又开始暴露出来，完全把学习抛诸脑后。虽与现在的美术学校校长正木直彦、芳贺矢一④等人同班，但他们都是热爱学习

① 日本著名戏剧家、小说家、翻译家坪内逍遥。代表作有《小说神髓》等。
② 曾我祐准，明治时代至大正时代的陆军军人，政治家。
③ 威廉·斯温顿（1833—1892），美国作家。
④ 芳贺矢一，日本国文学者，以德国文献学为参照，建立了新的日本文献学。

之人，与我等懒惰之辈不同。两群人实力本就悬殊，故此没有进一步亲密地交往，而是选择各玩各的。他们也许看不起我们，认为我们这帮懒骨头是烂泥扶不上墙。我们却也觉得只追求考试分数的家伙不配与自己相提并论。我们这帮人只以玩乐为荣，便心安理得地懒惰下去。预备学校要读五年，其中预科三年、本科两年。预科教授的内容比普通初中略好一些，也要学许多数学之类的科目。生理学、动物、植物、矿物之类的课程皆使用英文教材。因此，社会上普遍认为预科的学生强于现在的初中生。但说到学风，却十分野蛮。两者相比较，现在的学生算是非常温顺的了。大家都喜欢恶作剧，常做的恶作剧有暖炉攻击等。给教室里老师旁边的暖炉加一把柴，暖炉烧得火红的同时，汉学老师那张认真的脸也因为闷热变得跟炉子一样红彤彤的。学生看着老师通红的脸，偷笑着取乐。或在数学老师面对黑板努力地讲课时，拿着粉笔在他后背画奇怪的字符或图画；抑或在上课前，把窗户悉数关上，坐在漆黑的教室里一声不吭，把进来的老师吓了一跳。大伙儿总是以这样的事情为乐。预科分三级、二级、一级三个等级。读最初级的三级时，我的分数倒是超过了平均分六十五分，算是勉强及格，但依旧因为懒惰几乎没有学到什么。刚好在我读二级时，工部大学和外国语学校合并到了预备学校。当时的学校一片混乱，后来虽一步步发展成如今的高等学校，我却因为腹膜炎没有参加二级的学年考试。虽然拜托了教务老师安排补考，对方却忙于处理合并之初的混乱，完全不搭理我。那时，我便开始了深深的反思。我的功课学得一团糟，教务处的老师不给我安排补考固然是因为忙碌，但说到底还是出于对我的不信任。人如果不被他人信任，便无法在世上立足。想在世上立足，首先必须得到他人的信任。想得到信任就必须发奋学习。我这样反思着，从前的散漫生活是不能再过了，不如从头开始，洗心革面。朋友们都在等我，时不时催我赶快补考，可我没有理会，而是主动申请了留级，决定重读一遍二级。人这玩意儿一旦改变想法，便会产生奇妙的效果。认真学习之后，从前完全不明白的东西变得简单明了起来，原先不擅长的数学等科目也变得十分拿手。一日的联谊会上，大伙儿投票预测谁将来去哪科，我竟被认为应该去理科。我原本是个笨嘴拙舌的人，无法表达自己的所思所想。虽然能读懂、翻译英语，却说不出口。但仔细想想，人怎么可能说不出自己了解的事物呢。于是决心不管三七二十一大胆地表达。之后，我不管自己说得有多糟糕，只是一个劲儿地说。后来，从前在课堂上说不出口的句子，也能流利地脱口而出了。如此这般，以留级为契机，我改掉了许多毛病。对我自身而言，此次留级就如同一剂良药。若我当时没有留级，浑浑噩噩地毕业，如今还不知道会变成一个怎样的人呢。

如前文所说，我因为自愿落第而重读二级，后虽升入一级，但升入一级后，所学科目已根据专业的不同发生了变化，我便选择了二部的法语。因二部是工科，便又选择了建筑科。选择建筑科的用意说来十分有意思。当时的我完全没有那些孩子气的想法，而是先考虑到自己原本是个怪人，若再随心所欲下去，恐难有容身之处。想在世间立足，需从根本上改变本性。但若选择一份日常生活中不可或缺的工作，便无须改变自我，可以继续做一个怪人。即便是怪人，这份工作也只能由我来做。若是能从事此类工作，别人自然要低声下气，有求于我。如此，便无须忧心谋生问题。这便是选择建筑科的原因之一。此外，我原本就喜爱美术类的事物，想造出兼具实用性与美术性的建筑，这是第二个原因。因我留级，正木等人比我高了一级，我所在的班级中有松本亦太郎等人，还有一个叫米山的男人，读到文学学士便去世了。米山在哲学科，才华十分出众，与我私交亲密。他看我选了建筑科，便时不时来劝我。那时我虽已立下雄心壮志，认为即便是金字塔也造得出。米山说的话却相当诚恳："你说要学习建筑，可在如今的日本，造出理想中实用性与美术性俱佳的建筑并将其留于后世，根本是天方夜谭。不如学文学吧。若是文学，只要努力学习，便有可能写出流传百年、千年的名作。"我选择建筑科，只是从个人利害出发做出的判断，而米山的论调却是以天下为基准的。被他劝说后，我有种恍然大悟的感觉，就又改变了想法。我虽立志学习文学，却觉得日本文学与汉文学没有研究的必要，于是决定攻读英国文学。之后也没有什么改变，就这么一路读了下来。攻读英国文学后，又觉得索然无味，一度想转行，事到如今也换不成了。最初我的想法可谓异想天开，还想研究英国文学，用英文写出文学大作云云。

我度过的学生时代[①]

一

回顾我的学生时代，几乎没怎么像样地学习过。因此，这篇文章里既不存在有益于诸位读者的新颖的学习方法，也没有什么有趣的素材，只是为了让我自身引以为戒。也就是说，接下来我会如实地回忆并叙述这样一个教训：一个如此不学无术的家伙最终有了这般下场。

我在东京出生，在东京长大，即所谓纯粹的江户儿郎。虽然记得不是很清楚，但大概是在十一二岁的时候吧，我从小学（那时采用的是八级制度[②]）毕业。之后虽然进入了现在的东京府立第一中学（那时位于一桥）读书学习，但时常耽于玩乐，没怎么像样地学习过。其实，我在这学校也不过待了两三年。

---

① 本文写于明治四十二年（1909）。

② 根据明治六年（1873）日本颁布的《改正小学教则》，小学分为初等和高等，每等各设八级，每级六个月。

虽说是因为我有所感悟主动退的学，但实际上却另有隐情。

当时的中学与如今完备的初中完全不同，学制上分为正则和变则两种。

所谓正则，即只用日语教授所有通识课程。因此，也不会额外花费时间教授英语。变则与之相反，只教授英语。说起我当时所在的学部，自然是正则。因我在正则，所以完全学不到英语。因为没有学习英语，所以很难进入当时的预备学校。如此是没有意义的，也无法实现我一直以来怀抱的志向，所以才起了一定要退学的念头。但父母却总是不认可我的想法。万不得已之下，我虽每日拎着便当盒离家，却并不往学校去，只是一味地在途中闲逛玩耍。这期间，父母或许理解了我想要退学的想法吧。不久之后，我就从正则退学了。

｜ 二 ｜

正如前文所说，初中分正则、变则两种学制。正则的学生相对缺乏外语能力，无法通过预备学校的考试。因此，这类学生大多会进入某间私塾学习，好为入学考试做准备。

当时，我知道的私塾有共立学舍、成立学舍等。此类私塾虽环境污脏，但教授数学、历史、地理等课程时，皆使用英文原版书。所以对缺乏英语基础的人来说，是非常吃力的。我从正则退学之后，有一段时间，约莫一年的样子，在鞠町的二松学舍学习。每日只学习汉学，但对英语的紧迫感——不学习英语就坐立难安的紧迫感——却一天比一天强烈。因此，我决定转入前文提到的成立学舍。

这家名为成立学舍的私塾位于骏河台，在曾我祐准先生家隔壁。所谓的校舍，极其肮脏且毫无情趣。窗户没有遮挡物，一到冬天，寒风就劈头盖脸地吹进来。学生们习惯穿着木屐直接走进教室。老师多数是大学生，为了赚取学费来做兼职。

当时在这间私塾学习的学生中，后来却出了不少地位显赫的人物。稍微举几个例子，前长崎高等商业学校的校长隈本有尚、已经去世的日高真实、实业家植村俊平、新渡户博士等，除了这些人之外应该还有别的名人。隈本有尚那个时候的身份介于老师和学生之间。此外，我记得新渡户博士那时已经从札幌农学校毕业，一边上着大学选修课，一边来私塾学习。前不久，我曾与新渡户氏同席而坐。我在成立学舍时期就已经认识他，可对方却好像完全没意识到。与他见面时，他完全用初次见面的口吻说道："今天是我第一次见到你啊。"我笑道："不，你还在成立学舍时，我就久仰大名了。""啊，是这么回事啊。"对方也笑了起来。

| 三 |

因为哥哥之前学过英语，所以我也就跟着学了一点。由于

实在太难，完全弄不明白，不久后便放弃了。在那之后也完全没有学习过英语，姑且先进了成立学舍。如前文所说，成立学舍的多数课程只使用英文原版书，对于原本没有英语基础的人来说，很难理解授课内容。因此，我学得非常吃力。虽然吃力，却也没有按照章法学习，而是采取了特殊的记忆法。

此外，我也没有比较好的学英语的方法，只是迫切地希望能早一日看懂英语原版书。因此，便采取了胡乱阅读英文书的方法。尽管如此努力，但不到一定的时机，该看不懂的地方还是看不懂。并且，当时并不像现在这样，外文书籍比较完备。虽说读了很多书，可实际上数量十分有限。我怀着吃点苦头，先把阅读外文的能力培养起来的念头，胡乱地读着可以弄到手的所有书籍。但主要阅读了什么内容，如今已全然记不起来了。如此坚持下来，大概从预科三年级开始，我才渐渐能读懂英文书籍。

除了英语之外，我还饱受数学的折磨。数学课时经常被拉到黑板前，就那么站着度过煎熬的一个多小时。

这是预备学校入学考试时发生的事。那时我好像只有数学一科求邻座给我看了答案，抑或是偷看了邻座的答案？总而言之，我靠着邻座的答案才好不容易完成了考试。但可笑的是，那时的我虽顺利获得入学资格，给我看答案的男士却不幸落榜了。

四

我约莫在成立学舍学习了一年，第二年就参加了预备学校的入学考试，如前文所述，顺利地考上了。那个时候刚好十七岁吧。

在这里稍微介绍一下当时的预备学校。最开始的时候，预备学校需要读四年，大学读四年，读到大学毕业总共需要八年时间。但在我入学时，这个规定发生了改变。变成了大学三年，预备学校五年。也就是说，整体的年数和原先并没有变化，只是预备学校增加了一年。预备学校的五年也分两个阶段，分别是预科三年、本科两年。

因此，虽然学的是一样的通识课程，人们还是认为读完三年预科的学生远比当时的初中毕业生优秀。因为读预科的学生在学习动物、植物或其他课程时，也多数使用英文原版书。尽管如此，当时的学制还是将预科毕业生和初中毕业生视为同等水平。因此，初中毕业生上一年英语专修科之后，立刻就能升入预备学校本科。改制之后就变成了这样，换言之，比起读预科的人，初中毕业后进入预备学校的人能节省两年的时间，更加划算。

像我这样，初中中途退学，上了二松学舍、成立学舍等私塾后再读预科的，可以说兜了个大圈子。早知如此，不如读到初中毕业再考预备学校，从年数上讲更加有利。但绕远路的不止我一个，好多人跟我走了同样的路子，这些人可以归类为出师不利组。

言归正传，在这间预备学校念书时我也没怎么学习。当时我并不住在家里，而是住在神田猿乐町的某间公寓，和一个叫中村是公的男人同住。早上，学校上课的时间是定好的，所以没办法，通常会在固定的时间起床。晚上就寝的时间却是千差万别，几乎没有固定的时候。

在此期间，我依旧没有哪一科是特别擅长的。其中最折磨我的还是数学、英语两科。尽管如此，我也没有好好学习，每天以自由散漫的态度游戏度日。因此，成绩也逐渐变差。刚进入预科时，我的排名和现在的芳贺矢一不相上下。我们俩虽然常在一起厮混，但因为我不怎么学习，排名就慢慢落到后面去了。当时同年级的同学里还有现在的美术学校校长正木直彦、专门学务局长福原镣二郎、外国语学校的水野繁太郎等，他们都是成绩优秀的人。我们这群贪图玩乐的家伙成绩都不好，渐渐地，就和他们越坐越远了。

五

我只是不爱学习，说起来还是比较喜欢运动的。但这里所说的运动，并非是因为身体虚弱，按照科学的方式进行的锻炼。虽然是玩耍性质的活动，但我们确实是第一批喜欢上划艇比赛并参与其中的人。前面提到的中村是公等人，极其擅长运动，老是在划艇比赛上拿冠军。我虽说是因为喜欢才玩儿，却怎么都拿不了第一。

说起其他的运动，当时既没有棒球，也没有网球，所以大家只能做做普通的体操——军体操是不做的。总的来说，与其说是运动，不如说是随心所欲的玩耍。春假或者别的什么时候，我们经常把桌子收拾得干干净净，掰掰手腕，或互相比试小腿内侧的力气，做些类似的无聊运动，玩起来也挺吵的。到了要考试的时候，也不怎么担心。满脑子都是"岂能为考试分数这点小事斤斤计较"的念头。因我从未好好学习，智力没怎么增长，成绩也越来越糟。总的来说，我是头脑愚笨之人（现在也是如此），再加上不爱学习，逐渐耗尽了学校对我的信任，预科二年级的时候，终于到了留级的地步。

留过级的人都知道，那滋味可不好受。从那之后，我决定痛改前非，认真对待学习。说是认真学习，其实也只不过是做了普通学生该做的事，并没有过分逼迫自己。

上课的时候，我同先前不一样，非常专注地听老师所讲的内容，但也仅此而已。我认为只要认真学习，在学校注意听讲就足够了，不需要毫无章法地埋头苦学。因此，即便我已决定认真学习，也决不会在离考试还有很长时间的时候折磨自己。顶多会在考试前一天晚上，临时抱抱佛脚。

六

正好是预科三年级，我十九岁时候的事儿。因我家境原本就不宽裕，另外也想尝试不向家里讨要学费，便和中村是公氏一起做了私塾老师，每月领取五日元的薪水，开始了半工半读的生活。

这便是我教师生涯的开端。那间私塾名叫江东义塾，位于本所①。私塾是某几位有志之士合作创办的，但回想起那里的校舍，到底还是属于环境污脏的那类。

每月五日元的薪资固然不多，但当时却觉得够用。因我搬入了私塾宿舍，每月出两日元的伙食费，便相当于住宿费了。预备学校的学费每月仅需两角五分（不过必须在开学时提前交纳一学期的学费）。书籍也大多是从学校借阅的，并不需要额外花钱。从里面扣除若干洗澡费后，剩下的就是零花钱了。拿到五元工资后，我会立刻将剩余的钱和中村是公的掺在一起，俩人一起上街闲逛。大部分的钱都花在吃上面了。

江东义塾下午只上两小时课，所以我通常会在放学之后去那里教课。到了晚上，完全可以静下心来，随心所欲地学自己的功课。这样的生活持续了一年左右，我丝毫不感觉辛苦。但那地方湿气太重，竟使我在不知不觉中染上了急性沙眼。因此，我的眼睛直到现在还偶有不适。父亲非常担心我的眼疾，说：

---

① 地名。位于日本东京都墨田区西南部，隅田川东岸的一个地区。

"总之，没有必要勉强在那种地方工作。"我便从私塾辞职，搬回家中，过上了走读的生活。不久之后，江东义塾也解散了。

之后的学费自不必说，依旧要仰仗家里。但进入大学之后，特别是在我得到文部省的助学贷款后，情况有所好转。另外，我也在东京专门学校做兼职讲师，所以大学期间并没有为金钱所苦，就这么顺利地毕业了。回顾我的学生时代，并不能对诸位读者有所助益，只盼能引以为戒。

伦 敦 消 息①

┃ 一 ┃

（前略）因此在今天，我决定花费整个晚上，也就是四月九日的夜晚，向你②汇报点什么。我可是有好多事情想告诉你呢。来到这里之后，该怎么形容呢。我整个人都变得异常认真。无论我听到什么，看到什么，脑中总是频繁地浮现出一个问题——日本的未来。你可别因为这样的思考不符合我的本性而讥笑我。像我这样的人之所以会思考这种问题，并不是天气或牛排的错，而是天命使然。这个国家③的文学艺术是多么繁荣，这繁荣的文学艺术又是怎样地在潜移默化中影响着国民的品性？这个国家的物质文明进步到了什么程度？这进步的背后又横亘着怎样的时代潮流？英国虽然没有"武士"这一称谓，却有一个词叫作

---

① 本文写于明治三十四年（1901）。
② 应指夏目漱石的友人，正冈子规。
③ 指英国。

"绅士"。这"绅士"一词又包含着什么样的意味？这里的普通民众又是多么的大气与勤勉。这个国家的桩桩件件都让人眼前一亮，与此同时，也发生了许多让人恼火的事。有时，我也会厌恶英吉利，想尽快回到日本。但每当我这么想时，脑海中便会再次浮现出日本社会的现状，不由得感到孤苦无依、羞愧不已。日本的绅士在德育、体育、美育方面极其缺乏教养，这一点令我十分担心。那些绅士们的表情是何等的满不在乎，何等的扬扬自得。他们是何等的浮华，又是何等的空虚。他们安于现状，仿佛患了近视眼一般丝毫察觉不到自己的所作所为正将普通国民诱进堕落的深渊。以上种种皆化作牢骚与抱怨，不断涌上我的心头。前些日子，我写了一封有关日本上流社会的长信寄给亲戚。但这些感受是我原本就有的，只是来到英国后变得更加强烈而已。说到底与英国毫不相关，既没有说与你们听的必要，你们大概也并不想听，所以就此略过，聊些别的吧。聊什么好呢？想聊时反而找不到话题了，真伤脑筋啊。没办法，索性将今日起床后到写信前发生的事以《杜鹃》①征集的日记体书写下来，供诸君过目吧。

因我平日游手好闲，所以并未遇到什么有趣的事，日子过得乏善可陈。在牛津街头与安妮擦肩而过，在查令十字街目击决斗，这些事说起来是让人心潮澎湃的。但我实际的生活却是忧虑且无趣的。不过，对于熟悉我的诸位来说，大概会对我在伦敦每日做些什么感兴趣吧。

---

① 正冈子规创办的文学杂志。

前几天的星期五恰好是 Good Friday①，复活节的第一天。镇上的商店全部歇业，禁止一切商品交易。翌日的星期六一切如常。到了 Easter Sunday 时又禁止购物。本以为第二天可以照常购物，谁知周一又是 Easter Monday，商店依旧大门紧闭。到了星期二才终于恢复正常。房东夫妇趁假期回妻子的娘家探亲。田中君说要探访莎士比亚旧居，去了一个叫"埃文河畔斯特拉特福"的名字冗长的地方。家里只剩下房东的妻妹、女佣佩恩和我三个人。

早上睁开眼，百叶窗的缝隙处透进来清晨的阳光，让人有些晕眩。我以为自己睡过了头，便从枕头下拽出那只镍合金手表，一看才七点二十分，还不到铜锣第一次敲响的时间。既然醒了也没办法，我也并不怎么困，便翻了个身，从面对墙壁变成了面对窗户。窗户两侧敷衍地吊着两片窗帘，窗帘的材质不明，不知是细棉布还是麻布。窗帘后是拉下的百叶窗，一条一条的缝隙里透进太阳神对大地的恩泽。总算有点春天的气息了，谢天谢地。原以为这样的天气与伦敦无缘，但我最近却改变了想法，稍微悟出只要是人类居住的地方，终归还是会有阳光普照的时候。随后，我把目光移向天花板。天花板还是老样子，满布裂缝，颇为寒酸。上面传来咣当咣当的声音，大概是女佣在四楼的房间穿鞋吧。房间越来越亮，铜锣依旧没有响的意思。这次，我把视线从天花板移开，开始打量起房间来。目之所及

---

① 耶稣受难日。

却空空如也，真是间穷酸的房间。窗户的对面放着衣橱，说衣橱是抬举了它，其实不过是一口涂了油漆的箱子。上层的抽屉里放着日式细筒裤、西服领子、西装袖口，下层抽屉里是燕尾服。那件燕尾服虽然是便宜货，我却一次也没穿过。不过是摆架子罢了，甚是无趣。箱子上方四尺左右，挂着一面穿衣镜。穿衣镜的左边立着卡尔斯泉的瓶子，旁边露出半只肮脏的咖啡色皮手套。箱子的左下方并排放着两双鞋子，一双红的一双黑的。每天穿的那双放在门口，被女佣拿去擦拭了。橱柜里还收着一双油光锃亮的皮鞋，用来搭配礼服。只有在鞋子上，我富裕得像个大臣，因此颇有些得意。我开始想，要是搬家的话，该怎样把这四双鞋带走呢？估计是一双穿在脚上，两双塞进包里，但是剩下一双总不能拎在手上，难不成直接扔进马车里？但在我搬家之前，其中一双应该会被穿烂吧。鞋子倒无所谓，那些珍贵的书才是最麻烦的。要把它们搬走可不容易，我一面感叹一面扫视了一圈我的书。它们有的堆在木板与木板的空隙处，有的在暖炉上，有的在桌子上，还有的在书架上。前些日子，洛奇寄来的二手书目录里有多兹利①的精选集，七十日元有些贵，但我很想要。更何况它还是用皮革装订的。前不久买的沃顿②的《英国诗歌史》是用硬纸板装帧的，表面上看起来古色古香，其实是偶然便宜淘到的珍品。但汇款还未到账，也不能买书，让人有些无奈。过些日子应该到账了，倒也不是十分担

①　罗伯特·多兹利，英国著名的出版商、诗人。
②　托马斯·沃顿，英国评论家、诗人。

心……天空传来"当——当——"声，是第一声铜锣声。倘若现在起床洗漱完毕，恰好能听见第二声锣响，然后慢吞吞地去楼下吃早饭。我起身一边穿日式细筒裤，一边想着将"子伏寅起①"改成"子伏铜锣起"又该如何，想到这里，忍不住独自发笑。随后，我离开床铺走到洗脸台前要开始梳妆打扮了。到了西洋后，便不能像猫洗脸一般草草收拾自己，着实麻烦。我将瓶中的水唰地一下倒进金属脸盆里。刚把手放进去，突然想起每天早上洗脸前必须先喝卡尔斯盐②，于是把手抽回，因为觉得用毛巾擦拭太麻烦，索性转而面向墙壁甩了两三下手，便调了一杯卡尔斯盐，一饮而尽。随后，我把脸稍微打湿，抓起修面刷胡乱地在脸上抹着剃须膏。剃须刀是安全剃刀，用起来很方便。我像工匠刨木头似的唰唰地刮着自己的脸，心情舒畅。然后梳好头发，擦干脸，穿上白衬衫，扣好扣子，别好领针，卷起百叶窗。这时，女佣气势汹汹地把鞋子往门口一扔，又走开了。过了一会儿，响起了第二声"当——当——"声，跟我预想中一样。随后，我下了两段楼梯，走进食堂。和平时一样，首先要喝一碗燕麦粥，这是苏格兰人常吃的食物。那边的吃法是加盐食用，但我喜欢加糖。这玩意儿看起来像大麦做成的粥，

---

① 子时（午夜零点左右）睡觉，寅时（凌晨四点左右）起床。形容一个人极其勤勉。日语的"寅"与"铜锣"谐音，所以漱石才会将"子伏寅起"改成"子伏铜锣起"。

② 卡尔斯盐，一种肠胃药。

是我的心头好。约翰逊①编写的字典里写作 oatmeal……从前，这种苏格兰人的主食在英国是用来喂马的。但现在，英国人似乎也经常用它做早餐。喝完燕麦之后，我通常会要一片培根加一个鸡蛋或者两片培根。此外还要两片烤面包、一杯茶，如此才算一顿早餐。正当我将两片培根吃到只剩五分之一时，田中君从二楼下来了。这家伙昨晚很晚才到家。这人本来每天早上都会迟到，绝不会准时从二楼"降临凡间"。"呀！早上好！"他说道。房东的妻妹回他"Good morning."，我也用英语回他"Good morning."。田中君开始狼吞虎咽起来，我说了声"Excuse me."，打开了餐桌上的信。那是一封由艾吉希尔夫人寄来的邀请函，信上写"想于本月十七日下午三点与您闲话家常，静候您的光临"。顿时觉得一个头两个大。我在日本时就讨厌社交。来到西洋后，想到要用我那不灵光的英语战战兢兢地与人交际，就更加厌烦了。加之伦敦极大，一旦开始社交活动便要浪费许多时间，并且还不能穿着肮脏的衬衣赴宴，裤子的膝盖处如果向前凸起也是极不雅观的，下雨时还得额外掏钱雇马车。种种规矩既劳心伤神，又费钱费时间。但心中纵使有一千一万个不情愿也无可奈何。偶尔遇到这种心血来潮的豪门贵女，倘若不去又过不了人情关。正当我左右为难时，田中君聊起了他的旅行。说要送我莎士比亚的石膏像和纪念册，我道谢后收下。随后，他又给我看莎士比亚墓碑拓本的照片，嘴里嚷道"你知

---

① 塞缪尔·约翰逊，英国作家、文学评论家、诗人。编有《约翰逊字典》。

道上面写了啥吗？这就是英语的文言文了，我反正看不懂"。折
腾了好一会儿，这位老兄终于去上班了。然后，我照例开始读
《标准报》。西洋的报纸的确耐读，从头到尾读下来大概要花五
六个小时。我先看了与中国相关的报道。今日的俄国新闻里出
现了针对日本的评论。大意是说到了不得不开战的时候，进攻
日本本土绝非上策，最好在朝鲜一决雌雄，真不知道朝鲜招谁
惹谁了。接下来的新闻与托尔斯泰有关，据说前些日子，托尔
斯泰发表了对俄国教会不敬的言论，被革除教籍。大名鼎鼎的
托尔斯泰被开除教籍，自然引得舆论一片哗然。新闻上说，某
个绘画展览上展出托尔斯泰的肖像画后，画像前便堆满了小山
一样的鲜花。大伙儿商量着要给托尔斯泰送点什么，托尔斯泰
的追随者们则热衷于对政府冷嘲热讽，蛮有意思的。看完报纸
是上午十点二十分，按照惯例，今天必须去老师①家。于是先去
了趟厕所，然后回到三楼的房间梳洗打扮。从楼上下来后，发现
还要约莫二十分钟才到十一点，就又看起了报纸。因昨天是
Easter Monday，所以各地都举行了庆祝表演，相关报道亦散见
于报端。有一条讲"水族馆"② 里的驯兽师驯熊的新闻，写熊骑
在马背上沿着栅栏跑，并且跳高、钻圈，看上去蛮有意思。接

---

① 一名叫库列依古的老师，爱尔兰人，是英国诗歌和莎士比亚研究
　方面的专家。漱石也在其他文章中介绍过这位老师。
② 这里提到的"水族馆"应该是动物园。20 世纪初，亚洲国家受欧
　美国家影响，兴建具有现代性的设施，但统称为"水族馆"。所以
　夏目漱石在日本见到的类似的设施可能就是"水族馆"，即使在英
　国对应的是"动物园"，他也只会称其为"水族馆"。

下来我又看了广告，上面说欧文①将在兰心大剧院表演莎士比亚的《科里奥拉努斯》。前几天，我在女王剧场看了特利的《第十二夜》，比剧本好看多了。欧文的表演也想看。时间已到十点五十五分，我便抱着书出了门。

我的公寓坐落在桥对面的城郊处——相当于东京的深川②。一方面，因为住宿费便宜，便暂时在这萧条的地方落脚——其实并非如此，在英期间我几乎一直在小地方蛰居。另一方面，我极少去镇上，去一次相当麻烦，我一周只去个一两次。首先，须步行十五分钟左右到一个叫肯宁顿的地方，坐地下电车穿过泰晤士河河底，然后换乘火车，去所谓的伦敦西区。到站后再花一毛钱坐电梯。电梯一次可以坐三四个人，车站工作人员关上门后猛地一拉绳子，电梯陡然一沉，便开始往地底下降。从下往上推时，每个人仿佛都变成了西装革履的仁木弹正③。隧道里被电灯照得雪亮。火车每五分钟开一趟。今天人并不多，着实幸运。隔壁座位的人、前排座位的人、另一个车厢的人纷纷拿出报纸读了起来。这是一种习惯。我在洞穴里是无论如何也读不进东西的。首先空气难闻，其次车厢也晃得厉害，光是坐着就让人想吐，真是极度不愉快的体验。过四个站后就是 Bank 站。须在此处换乘——从一个洞穴转移到另一个洞穴。简直跟鼹鼠一个样。从洞穴里往市中心去，要坐所谓的 two pence Tube。这是一

---

① 欧文和后文提到的特利都是当时伦敦有名的戏剧演员。
② 东京地名，那一带是由填海建地造成的工业地带。
③ 仁木弹正，歌舞伎《伊达骚动》里的反面人物。

条东起 Bank 站往西贯穿整个伦敦的新地铁线。无论在哪里上下车都只要两便士，换算成日元就是一毛钱，所以才有了这么个名字。我坐上了车。对面隧道的反方向列车的汽笛鸣响，驶离站台。我们的车似乎收到了信号一般，亦不服输地按响汽笛，开始前进。乘务员说了"next station Post Office"后，便嘎的一声关上车门。停车时播报下一站的站名是这条线路的特色。我的对面坐着一位年轻女子和一位四十岁上下的妇人。右手边隔着六尺远的座位上，一位老太太正和她女儿叽叽喳喳聊着天。对面的家伙一边看着杂志，一边嚼着饼干或是别的什么东西。平凡的同乘人，丝毫无法当作小说的素材。

我有些烦了，就写到这儿吧。请原谅。事实上，我挺想同你讲讲我的老师。他相当特立独行，并且十分有趣。但我有些头疼，就先到这里吧。望你体谅。

四月九日夜

二

因为又收到了《杜鹃》，所以我想重新向各位讨教。我的寄宿生活如上回所说，颇为寒酸可怜。但诸君一定听过这样一句话："能否返璞归真，如三十岁的颜子那般生活。"如果诸君没听过，我这边就有些难以下台了。所以不管听没听过，权当各位听过了。话说回来，我也打算回答各位的问题，坦诚地、不加矫饰地回答。看在这个的情面上，诸君也必须听过这句话。

我有时虽然会像禅僧或古怪的学究一般，发表一些看破红尘式的感悟。但本质如各位所知，是个大俗人。因此，过着如此穷酸生活的我，根本没有被人称赞"回也不改其乐，贤哉"①的资格。也许有人要问，为什么不搬到更加舒适的地方呢？这可就说来话长了。请诸君听我慢慢道来。留学生的学费确实不值一提，伦敦的学费更加少。但少归少，倘若能将这笔费用全部花在衣食住行上，我也能过得轻松些。即使无法保持在国内的体面（在国内的话，从一等高等官②往下数五位，马上就能轮到我。不过，倘若从下往上数的话，我只排第四位，所以在日本也逞不了什么威风），不论怎么说，也能搬进比现在更像样的房子里。然而我却事事节俭，选择了这样一处寒酸的住所。其原因有二：一是我认为自己和在国内时不同，身份只是一名学生；二是好不容易来到西洋，想尽可能多地购买专业书籍，带回国内。因此，我忘记了在国内有过房子、使唤过奴仆的事实，只是一个劲儿地回想十年前在大学集体宿舍，吃着如同草鞋后跟一般的"烤牛排"的经历。比起那个时候，现在是不是强点儿？我认为尚且过得下去。人们或许会讥笑我蜗居在如卡

---

① 出自《论语·雍也》，全句为："贤哉，回也！一箪食，一瓢饮，在陋巷，人不堪其忧，回也不改其乐。贤哉，回也！"
② 近代官吏身份等级。1869 年 7 月明治政府将官吏分为敕授、奏授、判授三等，同月改称敕任官、奏任官、判任官。其中敕任官、奏任官总称高等官，分九等，均由天皇委任。夏目漱石曾在 1896 年被授予六等高等文官职务，第二年 6 月 8 日升为五等高等文官。

姆巴维尔①一般的贫民街。但无须在意这些言论。即使身居如此陋巷，我也没有接近过暗娼，亦不曾同路边的流莺搭话。虽不敢保证内心深处没动歪心思，但至少举止对得起"君子"二字。真是个了不起的人呐，我时常这样自我安慰。

然而，每当到了冬夜，寒风呼呼地刮过时；当暖炉往回呛烟，熏得房内黑乎乎的，到处都是烟时；当寒风毫不留情地从窗户、大门的缝隙刮进来，吹得大腿根部至腰部寒冷难耐时；当坚硬的木头椅子硌得屁股像得了疝气一样疼痛时；当身上的衣物逐渐褪色，心情慢慢低落，羞于见人时……我都会反问自己，过这种节衣缩食的生活到底图个什么。哎，无所谓了，买不起书或者别的什么都无所谓了。把汇款全花在住宿上，过回正常人的生活吧。每当产生这样的想法后，我都会挥舞着手杖到附近散心。出门后，迎面走来的家伙一个比一个身材高大，着实令人不快。并且，每张脸都是那么冷漠古板。我有时会想，这个国家如果稍微对身高征收点税，大概其国人都能变得生活节俭，体形瘦小吧。但这种刻薄想法不过是所谓的心服口不服。公道的是迎面走来的皆是身材高大的美男子，使我不由得自惭形秽。正在此时，对面走来一个身高比普通人矮的家伙，我心想太好了，擦肩而过时才发现对方比自己高约莫两寸。紧接着，本以为对面来了一个脸色古怪的小矮子，没想到却是映在镜中的自己。我不禁苦笑，对面自然也冲我苦笑。之后，我往公园

---

① 泰晤士河东南侧一带的贫民街。

走去，看见像给角兵卫狮子①兜上渔网的女人一个接一个走了过来。这群人里也有男人和手艺人。令人佩服的是有人穿着大致相当于日本奏任官以上级别的服装。在这个国家，你很难靠服饰判断一个人的身份。送牛肉的伙计到了周末也会戴上丝绒礼帽，穿上双排扣礼服大衣，打扮得一表人才。大部分人都很和善，从不会有人抓着我等出言不逊或当街辱骂，他们甚至不会回头多看你一眼。在这个地方，对待万事宠辱不惊、淡然处之是绅士的准则之一。他们认为像个扒手一样贼眉鼠眼地东瞟西瞟，或是像见到什么稀罕物件似的目不转睛地盯着别人的脸是极其粗鄙的。盯着妇人的背影尤其下流，用手指人更是失礼中的失礼。习惯便是如此。伦敦不愧是世界的劝业场②，这里的人从不会像没见过世面的乡下人一样戏耍外国人，并且大部分人都很忙碌。他们脑子里全是跟钱有关的事，根本没有闲工夫嘲弄日本人或是其他什么地方的黄种人。黄种人这个称呼着实随便，太过敷衍。我在日本时虽不算皮肤白皙的人，但自认好歹接近普通人的肤色。然而在这个国家，是不存在所谓普通人的肤色的，人与人必须靠三种天差地别的颜色区分开来。像我这样的黄种人也能悠然自得地在人群里溜达，偶尔看看戏剧、演出。但有时，也会遇到一些旁若无人、妄加揣测我等出生地的家伙。

前些天，我在某家商店站着挑选商品时，身后来了两个女

---

① 角兵卫狮子是一种街头舞蹈，由戴狮子面具的少年和女艺人表演。
② 日本明治、大正年间出现的陈列并销售日本特有的日用百货的场所。

人。两三天前，我被邀请去某个地方，出门时戴着丝绒礼帽，穿着男士礼服。迎面走来两个工人模样的人说了句"A handsome Jap."，也不知道是骂我还是夸我。前些日子去看某出戏剧，因为看的人太多无法进入内场，只好站在走廊上观看。旁边站着的人议论道："那边的两个人该不会是葡萄牙人吧?"——这些事，我本不打算说，写着写着就离题了。我们休息一下，重新开始吧。

　　散步归来之后，心情稍稍明亮起来。不管怎么说，这样的生活也只有两三年。回国之后，就可以穿普通人穿的衣服，吃普通人吃的食物，睡普通人睡的床了。很快就结束了，忍耐!忍耐!我自言自语着，闭上了眼睛。睡得着固然是好的，睡不着又会胡思乱想。之所以劝自己忍耐，本就是因为无法安于现状，最近更是愈演愈烈。有时变得自暴自弃，也是因为贫穷实在难挨。数年来我所思考的，并且多少付诸行动的处世方针不知去了哪里。不为前情后事所困，勿执着于过去，勿寄望于将来，倾注全身气力活在当下，才是本人的处世原则。然而，现在的我却因为回国后能过轻松日子，就如望梅止渴般一边憧憬着那天，一边忍耐当下的生活。这种想法过于虚无。谁也不曾保证回国后一定有轻松日子可过，这不过是我的一厢情愿。一厢情愿也罢，倘若能在无法如愿时立刻调整心态，抛却过去的妄想，也不会有什么妨害。可如果像现在这样一味地将希望寄托于未来，当这未来不如你所愿并变成过去时，你将再也无法利落地将它忘却。此外，为了报酬而工作也是愚蠢至极的想法。这和为了死后能上天堂，下辈子能和雨蛙一起托生在莲叶上而行善积德一样卑劣，前者甚至比后者更加无耻。出国前的五六年，我从未产生过如此低劣的念头。所做的，仅仅是努力地活在当下，尽好当下的本分，感知当下的悲喜忧苦。我很少在口头上牢骚抱怨，发表杞人忧天的言论，心中也极少产生类似的想法。因此颇有些自命不凡，一直认为到了国外，即使囊中羞涩，也能安于"一箪食，一瓢饮"的生活，从容不迫、淡泊明志。太自大了！太自大了！理想与现实相差了十万八千里。明天开始调整心态，专心学习吧。我下定决心，便睡了。

如此这般，我从去年年末开始到现在，一直住在肮脏污秽又声名狼藉的贫民街——卡姆巴维尔的隔壁。不仅现在住在这儿，可能直到留学结束都会一直住在这儿。然而，这里却发生了某种变故，纵使我再怎么不情愿离开，也不得不离开。本以为这变故是戏剧性的，问清缘由后，才知道颇为普通。世间事大抵如此，大部分的突发状况都极其平庸。这幢房子先前并非公寓。直到去年为止都是一所女子学校。这家的老板娘和她的妹妹为了走上自主创业的道路，在既没有经验也没有资金，甚至连将来的目标都没有明确的情况下，开始了这门既高尚又"卑劣"的"古怪生意"。没想到，热病在寄宿生中蔓延开来，一个学生退学，两个学生退学，最后不得不关闭整间学校。人如果倒霉喝凉水都会塞牙。楚楚可怜的两个人——"楚楚"划掉，两个人的身材都难以用"楚楚"形容——对，可怜——可怜的两个人决心无论如何都要与困难斗争到底，最终开了公寓。我则主动找上门，住进了这家刚开业的公寓。住进来之后，慢慢听说了她们的事。那时我还暗自祷告，祈求神灵保佑这两位少女，不对，保佑这两位身高比我还高三寸的女士创业成功。你若要问我祈求的是哪路神仙，那可就难为我了。毕竟在下跟那些神通广大的神灵一概没有交情，只是病急乱投医而已。不出所料，神仙并没有显灵，半个客人也不曾上门。"夏目先生，您认识的人里还有需要住宿的吗？""是啊，我看你们不容易，也想从中周旋。但可惜，我在伦敦并没有什么朋友。"尽管如此，直到几天前这里还住着另一个日本人。那位老兄极其开朗，与这幢房子气质不搭。他是一个看见我在读《杜鹃》，就会开口问"你也读得懂天智天皇①吗？"的男人。这位日本人终于也逃离了这里，只剩我一个人了。如此这般，公寓唯有关门大吉。伦敦南边的郊区——说是郊区，但伦敦实在太大，并不知道市区与郊区的边界在哪儿——因为是郊区，所以极其偏僻。那里有一栋大小合适、整洁漂亮的新房子，房东打算搬去那里。某日，房东与老板娘外出，我和房东的妻妹面对面坐着吃饭。正吃着时，一个阴恻恻的声音问道："您会跟我们一起搬吗？"这声"邀请"既不妩媚，也不惊心动魄，干瘪暗淡，透着一种养家糊口的疲累感。我听到这句话时，竟然产生了令人生厌的同情心。我本是江户儿郎，但或许因为出生在不知是朱线②内还是

---

① 天智天皇，日本第38代天皇，同时也是著名歌者，这里应该是问漱石是否能读懂天智天皇时期的和歌。
② 《旧江户朱引内图》将江户城的中心区域用朱线画出，朱线外的区域则属于城市郊区。

朱线外暧昧地段的缘故，迄今为止并未做过江户儿郎喜做的慈善性举动。现在，我已记不清自己是怎么回答的了。但凡有一点儿侠义之心，都应该答道："嗯，你们搬去哪里，我就搬去哪里。"但我似乎不是这么说的。无法这么回答是因为我也有我的理由。诚然，房东的妻妹是个内向踏实且虔诚的宗教徒，我与她相处时丝毫不会感到不快。可她的姐姐却有点轻浮，这位姐姐的事儿三天三夜也说不完，就此略过。在此只列举几处鄙人反感的地方。第一，狂妄自大；第二，不懂装懂；第三，有时喜欢挑些无聊的英文单词，问我认不认得。种种例子，不胜枚举。前几天她问我知不知道"隧道"的单词，还问我认不认识 straw，也就是稻草。英国文学专业的留学生被这么问，简直连气都生不出来。最近，她好像察觉到了什么，没再问如此失礼的问题，平日的举止也客气了许多。如此看来，漱石我不费一语便在无形之中降服了一个聒噪妇人。这"丰功伟绩"容后再谈。这个国家的女人，尤其是老太太，总喜欢在别人没有提出要求的情况下，给自己的英文加注解，或者询问别人能否听懂某些单词。这也许就是人们常说的"自以为是的体贴"吧。前段时间，我被邀请去某个地方与某位夫人聊天。那人是虔诚的基督教徒，滔滔不绝地向我描述神的伟大。真是位气度不凡、端庄优雅的老太太。说到某处时，她突然问我认不认识 revolution 这个单词。"世间之事，一见之下似乎毫无章法，但只要仔细审视，便会发现万事万物都被进化的理论支配着……进化……明白吗？"简直如同教育婴儿一般。可对方的态度又很和蔼，我唯有"是啊，是啊"地连声附和。或许是因为我无法像这位老太太一样口若悬河吧。与人寒暄时，也仅会使用涌上喉头的几个英文单词，随后便像松了口气似的一言不发，对方小看我也并不奇怪。可我还是想找机会告诉她，论单个的英文单词，我知道的可比您知道的多得多。从那之后，我就经常和老太太打交道。还有位老太太前几天给我寄了封信，信里用了folk这个单词。这本身并不奇怪，奇怪的是她在单词上加了footnote，注明这是一个古英语单词。给自己的信加注解本身就挺滑稽的，没想到注解的内容更加滑稽。我和这位老太太同乘一艘船时，她曾让我随便写几段文章，说要帮我修改。我便拿出一小节日记，请她指正。结果，她说对我的文章感到十分佩服，在两三个地方增减了一两字后还给了我。我一看，改的净是些可改可不改的地方。遇到真正错得离谱的地方，她便会在上面添加注解。这位老太太绝不是卑俗之人，她的身份不低，是这个国家的中产人士。正是在英国，我认识到了这么多的人。所以，我也没必要将公寓老板娘的狂妄自大放在心上。但留英期间，我还是想与多少有些学识、能说得上话的人同住。房间狭窄、环境污脏都可以忍耐，只求遇上可交流的人。出于这种想法，我无法回应房东妻妹的邀请。但我所期待的同住人，家中是否会招待寄宿者呢？这一点又无法保证。世界如此之大，冥冥之中或许存在这样的人，但若说要遇上，可又是难事中的难事了。老师家但凡有六尺空地，应该乐意收留我。可惜没有，故此路不通。这时候，西洋报纸的便利性便体现了出来。这是个万事万物讲究打广告的时代，公寓的广告要多少有多少。我以前找公寓时就看过 *Daily Telegraph*① 的公寓广告栏，从头到尾读完足足花了三个小时。现在我没有订阅 *Daily Telegraph*，只有《标准报》。这份报纸品质不俗，所以上面的广告大概也错不了。我开始阅读四月十七日的广告栏，发现多数是专门的公寓，普通人家招揽寄宿客人的信息意外地少。但宣传噱头却五花八门。"住宿费低廉，附带浴缸，食物高级"算普通的，还有写"面朝海德公园，三分钟到地下电气铁路站，五分钟到地铁站，方便您与豪门贵女交际"的，"可随意打球，配备钢琴，gay society, late dinner"也不在少数。吃"迟晚餐"是那时的流行，但对我这样的人来说却极为不便。在这些广告中，我发现了以下信息。"寻找一名朴素低调的绅士与寡妇及她的妹妹同住，我们拥有非常漂亮的房间。有意者请来信至××笔墨店。"我感觉可以与这家接触一下，于是马上写了信，询问住宿费及其他细节，简单介绍了鄙人的身份、职业，同时写了些任性的请求，说想尽可能住在一个便宜且令人愉悦的地方。

当晚十点左右，我在房间里看书。门外突然响起哐哐的敲门声。"Yes，come in."我说道。房东笑嘻嘻地走了进来。"事实上您也知道，我们决定搬家了。怎么样，那边的房子比这儿漂亮多了，家具什么的也高级许多。您愿意和我们一起搬吗？""如果您一定要我搬的话……""是的，我们的确希望您跟我们一起，但这绝不是强迫，如果您愿意的话——事实上，我们也

---

① 报纸名称。

相处了这么久，妻子和妹妹都非常希望您来呢。""我知道您的新房子打算招待寄宿者，但我以为并不一定是要我。"我将已写信给别家公寓的事说了出来。房东的表情渐渐阴沉下来，这下我也有点不知所措。"那就这么办吧。近期对方便会回信，信来以后我姑且去看一眼房子，倘若不合心意就去您那里。其他房子也不找了。如果早知道您的意愿如此强烈，我连信都不会写，直接就跟您一起搬了。事已至此，也没别的办法，先等对方的回信吧。我保证决不再找别的房子，这家不行就去您那里。"房东说了声"打扰了"，便下楼去了。

早上吃饭时，食堂一个人也没有。大家都已吃完了早餐。啊，今天又睡过头了，真过意不去。我看了眼餐桌，桌上放着一个浅紫色的信封，信封的四角各自晕染了一点绛紫色。那一定是我的回信，从信封的考究程度来看，似乎是与我不甚匹配的高级公寓。我一边这么想，一边用小刀拆开信封。"就您所问询事项，回答如下：此幢房屋属于一名淑女（淑女下面画了横线），室内装潢极为气派。当然，各房间亦配有电灯，雇有勤劳踏实的仆人，竭诚为您提供优雅舒适的生活。住宿费为每周三十三元。鄙舍也许并不合您心意，但若您愿意亲临舍下，我将非常乐意带您参观各处房间。谨启。"我一边吃早饭一边摁响了呼叫铃，把老板娘叫了出来。"我决定去你们那儿了。一周三十三元我可付不起，就去你们那儿了。""啊，是吗？太谢谢了。您有什么需要尽管吩咐，我们会尽量注意的。"老板娘离开后，房东从半开的门后探出脑袋，笑嘻嘻地说道："Thank you，Mr.

Natsume①. Thank you."我心里也有点高兴。老板娘和妹妹终日忙于收拾搬家行李。七点喝茶时，终于在食堂碰到了两人。妹妹说："今天卖掉了养了很久的鹦鹉。"姐姐也不甘示弱："还卖掉了原先学校的招牌，那招牌买来时可花了十块钱呢。"

命运之车毫不留情地向前驶去，前方等待我和她们的又是什么呢？我们三人也许正在做蠢事。是愚蠢还是明智，一切尚不得知。唯一明确的是，我的命运与这两人的命运正逐步靠拢。回过头是那位淡紫色的豪门贵妇和她的妹妹，还有那幢附带大门的漂亮宅邸。往前看是这对贫穷却坦诚的姐妹，未来的家园和想象中安着木格子门的房屋。我饶有趣味地琢磨着两者的不同，却又感到贫富的差距是如此的冰冷残酷。觉得自己似乎变成了住在密考伯②家的大卫·科波菲尔。

四月二十日

| 三 |

上回稍微介绍了一下与我同住的朋友③，以及朋友的姐妹。除她们之外，还有一位朋友令我最为佩服，同时也最束手无策。

---

① 英文的夏目先生。
② 《大卫·科波菲尔》中的人物，大卫的房东，一个贫穷却乐天知命的老好人。
③ 夏目漱石曾说他在英国并没有什么朋友，这里的朋友是调侃性质的，应指的是老板娘。

这位绰号叫"Bedge Pardon"（以下译作"贝吉·帕顿"）的圣人，如若不向你讲讲她的光辉事迹，我简直感到坐立难安。这次先稍微讲讲，下次再从不同的角度阐述我对她的审视与观察。说起来，为什么我会给这位佩恩，也就是我们的女佣献上这样一个绰号呢？那是因为这位老好人不知是舌头太短还是太长，说话时有点咬字不清，总是把"I beg you pardon."说成"Bedge pardon."。贝吉·帕顿人如其名，说话非常贝吉·帕顿。但与此同时，她又是位积极的雄辩家。她将舌尖的唾液毫不留情地喷到我脸上开始滔滔不绝地说话时，丝毫不会觉得时间可贵。用语言将他人击溃却毫无愧疚之心，她就是这样一位老好人兼雄辩家。这位老好人兼雄辩家贝吉·帕顿出生于伦敦，却对伦敦一无所知。当然，对偏僻乡村更是一点也不了解。同时，也丝毫没有表现出想了解的样子。她从早到晚、从晚到早地忙碌着，忙完后便爬到四楼的阁楼睡觉。翌日日出时分，又从四楼"降临凡间"开始大干特干。她有哮喘病，干活时呼呼地喘着粗气，旁人看到都要心生怜悯。然而，她却丝毫不觉得自己可怜。目不识丁的她没有表现出对生活哪怕一丁点儿的不满。我与这位女圣人朝夕相处，心中的敬慕之情虽难以抑制，然而，当被这位佩恩抓住，被迫听那些长篇大论时，其中的幸与不幸，也唯有交予他人评说了。生活在日本的人或许以为英国人说的英语相差无几，实则不然。与日本一样，英国也有方言，也有身份的高低，人们使用的语言也千差万别。有教养的上流社会大致使用的是一套语言系统，于我并没有什么妨害。但说到所谓的伦敦东区土腔，我可就完全听不懂了。这种当地中产以下人士使用的语言里存在着某些无法在字典中查到的发音。不仅如此，说这话的人通常语速极快，快到无法分辨前一个单词与后一个单词的间隔。每每听到伦敦东区土腔，我都只有默不作声的份儿。贝吉·帕顿的伦敦土腔尤其令人难以招架，默不作声与默不作声的间隔让人疲惫，迫使我不得不在中途张开嘴巴稍事休息。我在此寄宿期间，频频遭受佩恩的口头袭击，甚是惊惧。万不得已之下，将此事禀报了老板娘。佩恩因此受了好一番斥责，实在可怜。"怎么可以对客人如此无礼，今后要多注意自己的言行。"从那之后，性格柔顺的佩恩再没同我说过一句话。然而，这仅限于老板娘在家时，一旦"山神"外出，佩恩立马恢复老样子。并且，她为了补偿因被迫禁言而产生的极端懊恼，一有机会便逮住我聊天，那架势仿佛要连本带利讨回什么，让人招架不住。颇有一股被迫断粮一周的人在第八天时抱住饭桶奋战的悲凉之感。

某日，我照例从丹麦山散步回来，为我留门的佩恩立刻逮住我聊了起来。不出所料，老板娘一家都去新住所收拾行李了，偌大的房子里只剩我和佩恩。她滔滔不绝地说了约莫十五分钟，说的什么我完全没听懂。能言善辩的她甚至匀不出时间问我一两个问题，以惊人的语速向我诉说着什么。我颇感无奈，放弃了想要听懂的念头，转而开始研究佩恩的五官。我全神贯注地盯着她那厚厚的双眼皮、轻微的朝天鼻、无论何时总是红润健康的脸颊、随心所欲活动着的灵巧舌头和舌头两侧涌出的白色唾液，心中生出如什锦寿司般复杂的情绪，半是愧疚半是怜悯，又有点好笑。这种感情使我不自觉地嘴角上翘，露出些许微笑。天真无邪的佩恩不可能察觉我的所思所想，她对我专心致志地听她说话并展露微笑感到十分满意，绯红的脸颊挤出两个酒窝，哈哈大笑起来。因这段阴错阳差的插曲，我的心情越发复杂。佩恩则越说越来劲，丝毫没有停止的意思。她的话我只能听懂一两句，这里一句，那里一句，拼凑起来大概是这么个意思。昨天经管人①来家里谈判，老板娘碍于情面，假装不在家，让对方吃了个闭门羹。将人打发走的是佩恩，她讨厌撒谎，觉得愧对神明。但主人的命令又不能不听，万不得已之下终究撒了谎。大概是这么回事，我以一种事不关己的心态听完了来龙去脉，终于回到房间。房东在凌晨三点左右把我的行李箱和书籍运到了新住所，房间里只剩一副躯体，使我不由得生出一股寂寥之感。晚上八点左右，屋外响起敲门声——进来的是佩恩。她着急地跟我说，说经管人已经第四次上门了。之后说了什么，我一点儿没听懂。这事儿过于麻烦，我让她自便，随后把她请出了房门。十点左右，佩恩又来了。这次是来找我商量的，问要是经管人再来该怎么办。我安慰了几句，让她不要担心，又把她打发走了。到了十点半，房东一家仍旧没有回来。我意识到万一这家的房东是个骗子，把我的行李运走又将我抛弃在此处，那我便成了傻瓜中的傻瓜，必定遭人耻笑。终于，外头响起了开门声，看样子是他们回来了。不管怎么说，我不用变成傻瓜

---

① 指代替业主管理出租的房地产的人。

了，便怀着感激的心情进入了梦乡。

翌日是四月二十五日，九点起床下楼时，房东夫妇刚好吃完早饭。甫一坐定，老板娘便问是否听见昨夜的骚动。我睡在三楼，一点儿也不知道楼下发生了什么，便问什么骚动。答曰和那位经管人产生了一点纠纷。昨夜，他们从新住所归来，正准备进门时，在门口等待许久的经管人突然以迅雷不及掩耳之势跟了进来。经管人质问，为什么连招呼也不打就搬家，偏偏还在深夜搬，如此是绅士所为吗？房东争辩道："我们搬自家的行李不需要跟任何人打招呼，几时搬也是个人的自由。"随后越吵越热闹，甚至惊动了左邻右舍。这幢房子原本是以老板娘的名义租借的。然而在七年前，他们稍微拖欠了些房租。这个错误被记恨到现在，致使他们无法搬离此处。并且，房东的财产迟早是要变成房租支付给屋主的。而这对可怜的姐妹并没有什么值得抵押的财产，经管人也志不在此。这位老经管盯上的是房东本人的家财。房东也是 20 世纪的新派人士①，在这方面并不蠢笨。他去找律师，详细地咨询了相关情况，得知倘若在深夜至黎明前将家具搬出，经管也只有干瞪眼的份儿。于是雇了大板车，从凌晨三点开始不眠不休地将行李搬到了新住所。他长着一张硕大且肌肉松弛的脸，鼻子下极度敷衍地留了少许胡须。但人不可貌相，现在看来，他倒是个精明的男人，精明的程度丝毫不亚于经管人。

我问房东几时能将我这副躯体搬去新房，答曰今日便可以，

---

① 夏目漱石留英期间为 1900—1903 年，刚刚进入 20 世纪。

于是我决定午饭后与老板娘一同迁往新宅。

和老板娘一起吃午饭时，房东从律师处回来，吩咐老板娘写一封信寄到经管家，务必留下书面凭证，说完又出门了。老板娘便唰唰地写开了，我也有些好奇，想知道究竟写了什么。终于，老板娘停了笔。"××先生，信写好了，请您听一下内容。"随后一脸傲慢地开始读信，"敬启，妾万分惊讶。……要稍微读慢些吗？……妾万分惊讶。昨日阁下三番四次趁家中无人上门滋扰。对女婢连发数问，句句与妾私隐相关。非但如此，您还擅自搜检他人住宅，对女婢宣称妾不配为淑女。试问居心何在？对阁下如此蛮横之举动，私以为妾有谋求解释之权利。……念完了，这可是策略哪。"我也有点惊讶，问是什么策略。这位大师越发得意起来："是这么回事，我们不是事先写信，如方才一般仔细地追责了吗？对方若将此事诉诸法律，这封信便是证据，足以证明经管行事粗暴。从前，经管看我们姐妹都是女人，便横行霸道、作威作福。如今也有男人撑腰了，怎能让他随意欺负了去！"言语之中顺道吹捧了自己的丈夫。接着，老板娘说："让您久等了，我们出发吧。"两人便出门了。我的手提包里塞满了杂物，分量不轻。左手还拿着一把蝙蝠伞①、一根拐杖。淑女右手提一个网兜，兜里放着四个柿漆纸②包，其中一个包着我的睡衣和腰带。左手抱着我的床单，同样用柿漆纸包住。两个人四只手都没闲着，一路上甚是艰难。拐过街角后坐有轨

---

① 晴雨两用伞，因黑布伞面撑开时形似蝙蝠而得名。
② 涂柿漆的黏合纸。结实轻便又防水，多用作铺垫或包装纸。

马车，到肯宁顿要两分钱。淑女说她来付，便从黑色皮夹子里掏出硬币，递给售票员。车上乘客不多，对面坐着位打扮入时的年轻女士。此时，与我同行的淑女突然大声问我是否读过玛丽·科雷利①的《基督教大师》。这本书最近卖了十五万册，颇有点名气。我回答书是有的，还没看。"那本书写得挺好，就是不知道作者的宗教信仰是什么。我认识的人都在猜测科雷利的宗教信仰呢。"声音越来越大，像是故意要对面的妇人听见一般。我心想你自己不也没看过吗，更何况这还是在有轨马车上，适可而止吧。但出于无奈还是"嗯嗯"地附和了几声。终于到了肯宁顿，须在此处换乘马车。老板娘说想去楼上，于是我们爬上梯子坐在了马车最顶层。"左边有一家著名的孤儿院，为纪念司布真修建的。司布真可是位有名的布道家。"司布真我还能不知道吗？我有些恼火，没有搭理她。"树木渐渐变绿，真让人赏心悦目。这两周以来，每天的风景都不一样呢。""是啊，话说回来，那边一排排种着的是什么树啊？""哪些？那些是杨树呢。""啊，那些是杨树啊。原来如此。"我感叹道。老板娘立刻得意忘形起来："诗人也经常吟咏杨树呢。丁尼生②的诗里就有杨树。即使在平静无风的日子里，杨树的枝条也会颤抖，又叫'颤杨'。我记得丁尼生的诗里也有颤杨。"仿佛成了丁尼生的独家代言人，但到头来仍旧没有说是哪首诗，我语气敷衍地附和

① 玛丽·科雷利，英国维多利亚时期的畅销书女作家。
② 阿尔弗雷德·丁尼生，英国维多利亚时期诗人，代表作为组诗《悼念》。

了几句。对面的石砖路上走过一名美丽妇人，拖着长长的裙摆。"在家里穿长裙也就罢了，到了外面还拖着这样长的裙摆，实在有点不成体统。"穿着短裙的淑女终于找到了向我说教的机会。终于，我们到了一个叫"透町站"的地方，然后坐公共马车到达新宅前的街巷。"哪栋是我们的房子？"我问道。对面毫无秩序地立着四五栋砖瓦结构的长屋。前方什么都没有，只有一处挖沙造成的大坑。这景象简直像东京的小石川附近。长屋中只有最边缘的一栋大门紧锁，其余都贴着招租告示。大门紧锁的是屋主家，隔壁则是我的新住处，即房东一家口中的"新天堂"。进门之前我便知道，这幢毫无情趣的房子远没有房东说的那样好。进门之后才发现，屋内比屋外更加扫兴。不仅如此，每个房间都是随意丢弃的行李，简直就像烈火延烧后的撤离区。只有二楼我住的房间略微收拾过，真是谢天谢地。房间比原先的干净，装潢尚可忍受。过了没一会儿，房东上来哐哐地钉窗帘。问我暖炉上是否挂画，有一幅叫《槲寄生》的不错。不过那画并非人人喜欢，须先让我过目。说罢就将画取了来。我一看，不过是一幅裸体美人图。于是半开玩笑地说道："哈哈，裸体画啊。甚好。"房东道："嘿嘿，我也觉得挺好。"说罢哐哐地钉上钉子，将画挂了上去。"如何，这个位置，角度……略微朝下……就好像裸体美人正俯视着你——不错。"接着又说要给我做个书架，量了墙壁和书籍的尺寸。道了声"晚安"后便离开了。

门前无车马经过，亦听不见往来人声，甚是冷清寂寥。房东夫妇在纠纷处理停当前不得不每晚回旧屋居住。新宅里只有睡在三楼的妻妹、卡洛君、杰克君和欧内斯特君。卡洛君和杰克君是狗的名字。欧内斯特君是房东店里做杂役的年轻人。令我心生敬佩、手足无措的贝吉·帕顿已被解雇。我搬来后听到这个消息时，怅然若失地想象了一下她的未来。

　　俄国与日本纷争不断，随时可能爆发战争。中国正承受着天子蒙尘的屈辱。英国挖出德兰士瓦①的金刚石，欲填补军费的亏空。这多事的世界不舍昼夜地运转着，诱发着波澜。与此同时，我居住的小天地也在运转着，诞生着小波澜。我公寓的房东正倚仗他庞大的身躯与瘦小的经管决一死战。而我正在写日记，为了安慰病中的子规。

四月二十六日

---

①　位于好望角地区的南非国家，后成为英国殖民地。

单 车 日 记①

　　公历 1902 年秋，不记得哪月，不记得哪日。刚在寝室窗外挂上白旗，向公寓的老太太乞降，老太太便拖着一百五十斤的身躯向三楼最高处爬来。此处本应用"登"字，之所以用"爬"，是为了形容过程之艰难。爬了约莫四十二级台阶，中途休息了两次，花费了三分零五秒后，这位了不起的老太太那本应扬扬自得，此刻却喘着粗气的脸突然出现在我门前，使得周围的空间立刻变得逼仄起来。我难以承受这会见的荣光，却不得不硬着头皮承受。老太太以命令的口吻向我传达了媾和条约第一条款：

　　骑自行车去。

　　啊，悲哉。这场自行车骚乱。最终，我不得不接受这不幸的命运，遵照老太太的吩咐，骑自行车，不，一路摔跤前往薰衣草之山。监工兼教练是××氏，他跟在无精打采的我身后，纵身闯入自行车棚，一马当先地挑了辆轻便的女士用车，同我说："这辆不错。"问他理由，答曰除此之外，无其他初学入门

―――――――――

① 本文写于明治三十五年（1902）。

之捷径。此人知我刚刚战败投降，遣词用句格外轻蔑。鄙人虽愚笨，好歹鼻下略微蓄了些胡须。如此大男人用女士单车练习，情何以堪。我抗议道："摔跤也没关系，给我用正常单车。"心下暗自蓄力，打算若被此人驳回，便要趾高气扬地向他撒泼，表明大丈夫"宁为玉碎，不为瓦全"。他说："既然如此，就这辆吧。"可堪用的唯有一辆颇为寒酸的男士单车。我想善书者不择笔，反正总归是要摔下来的，车的美丑无关紧要。于是吃力地将这油漆斑驳的单车拖了出来。用力往下按时，单车仿佛不满一般，发出了刺耳的嘶鸣。伏惟①，仿佛鄙人跨越万里波涛，千里迢迢与这关节松弛、机油耗尽的老朽单车相会一般。我对自行车棚是否有养老年限感到怀疑。想来这单车早到了退休年纪，一直闲居在杂物间角落颐养天年，不想半路杀出个东洋孤客，将其拖出。其不堪奔命之苦，以致发出悲鸣。此单车的晚年亦有可悲可叹之处。但本战败者却将其视为泄愤的对象，盘算着要收服这把老骨头。还没开始骑，便跃跃欲试起来。然而此车的把手过于神经质，往回拉便撞我大腿，往前推便不管不顾地向马路上冲去。还没骑便让我穷于应付，骑上之后又该是怎样一副光景？光想想就忍不住掬一捧辛酸泪。"骑去哪里？""今天第一次骑，人不多的地方就行。尽量找个摔下来也不会被嘲笑的地方。"我虽是个战败者，却开出种种条件。仁惠的监工发自内心地同情我的遭遇，将我拉去克来芬公园旁人迹罕至的骑马场。然后他说："那么，在这儿骑骑看。"终于到了不得不

---

① 敬辞，表示有所陈述或愿望。

履行战败者义务的时候。啊，悲夫！

"骑骑看"这话完全不是知己所言。无论是在国内享受万千宠爱的从前，还是沦落到天涯万里、孤城落日、资金贫乏的今日，我都只见过别人骑单车，丝毫不记得自己骑过单车。去吧，骑骑看。这话过于残酷无情，将我激得怒发冲鸭舌帽。我努力摆出一副威风凛凛的武士架势，然后猛然握住车把手。可到了跨上单车，显示顾盼自雄这一幕时，却又立马破功。每当单车快要开动时，我便会扑通一声摔下来。这事儿挺奇怪——自行车并不会倒立，亦不会做任何高难度动作，最是安分稳定，但乘客却无法安坐于车鞍，总要摔个狗吃屎。本想将过去从说书先生那儿听来的桥段实际演练一番，岂料却是这般光景。

监工发话了："一开始就想稳稳地坐上车是不对的，也不能试图用脚踩踏板。只要紧紧地抓住车身，让单车转起来就能成功了。"这番话听得我胆战心惊。啊，吾事休矣。无论怎么用力抓住车身，车都不曾转动半圈。啊，吾事休矣。我频频使用着感叹词，暗自祈求旁人的助力。如我所愿，监工朝我走了过来。"快，我给你按住了，骑上去。……哎呀，从正面上会翻车的。……看，撞到膝盖了吧！这次要嗖的一声坐上去，双手握住这里。……好了吗？我往前推，你借着这个力道向前冲。"接着，他半是好玩儿半是认真地推了一把战战兢兢的我。然而在被推出的那个瞬间，所有的准备、所有的辛苦仿佛变成了跟沙土地来一次亲密接触的热身运动。并且，那种辛苦着实应让某位肉眼凡胎体会一遍，必定会使其发出内心的惊愕。

零星有几个人驻足观看，还有人窃笑着走过。对面栎树下的长椅上坐着一位带孩子的乳母，从刚才开始便不断发出佩服的感叹。感叹什么我也不知道。大概是被我大汗淋漓、披头散发与自行车搏斗的勇猛姿态迷住了吧。在遥远的异乡还能遇到如此知己，小腿上区区两三处擦伤又何足挂齿。"再推一次。这次要更加用力。什么，还会摔跤？摔跤也是我摔跤。"我忘记了自己战败者的身份，不断发号施令。此时，背后突然响起一声"Sir！"。我并不认识几个外国人，心下正奇怪。回头一看，赫然站着一个足以使人惊慌失措的大个子巡警。我虽不认识此人，对方却基于某种理由不得不接近我这个初次进城、干瘪瘦小的乡巴佬，看上去倒像我俩相识已久。理由说来简单，此处是骑马场，不是骑自行车的地方。若要练习骑自行车，请去马路上练习。"All right！谨遵您吩咐。"我用拼凑式的英文答道，顺便卖弄了一下才学。我立刻将此事汇报给了监工。监工许是认为今日战败者已出够了洋相，发话道"我们回去吧"。于是，我即刻扶起那辆还没学会骑的单车，打道回府。到家后，老太太问学得如何。此时，自行车像炫耀它的胜利一般"嘶鸣"了起来。真可谓"车嘶白日暮，耳鸣秋气来"。①

　　不记得哪月，不记得哪日。我扶着同一辆自行车伫立在坡上，缓慢地打量着遥远的坡底，心中藏着纵横驰骋的野心。只等监工一声令下，便要一鼓作气冲下坡去。此坡长两百余米，坡度约二十度，宽六十余尺，人烟稀少。左右两旁娴静雅致，

① 这里漱石化用了唐朝诗人吕温的诗句"马嘶白日暮，剑鸣秋气来"。

皆是住宅。不知是不是英国政府听闻有位东洋名士欲练习如何用自行车跌跤，故特命土木局造了此路。总而言之，作为自行车专用道来说，此路堪称完美。我的监工不知是被巡警的斥责吓破了胆，还是不想再花力气为我推车，从昨天开始就在寻找适合人车活动的场所，终于相中了这块地方，将我邀了出来。

监工算准了时机，这个时间段里，既不会有行人路过，也不会有马车通过。于是命令道："趁现在，快给我骑。"但这个"骑"是加了注释的，这个字在我俩之间已被赋予了特殊含义。我们口中的"骑"并非别人口中的"骑"。我们的"骑"意味着臀部不落在车鞍上，双脚不踩踏板，纯粹依靠力学原理，丝毫不玩弄人工技艺；意味着不避行人、不避车马、水火不辞地向前冲去。说到骑车的姿势，简直就像疝气病人初次表演梯上杂技一般。连我自己都认为，这危险的姿势已不能用"骑"来形容。但我最终还是骑了上去，不得不骑。整个人姑且附着在单车上，动作一气呵成。在这层意义上，被监工命令往前骑的我像疾风一般从坡顶滚了下去。紧接着，左边的房屋传出了不可思议的拍手声，带着恶作剧的性质，仿佛在为我壮行。心下正纳罕①时，车子眼看到了长坡的中段。此时，出现了不得了的突发情况。约莫五十个女学生排着整齐的队列向我走来。到了这个地步，即使美女在前，我也顾不上装腔作势了。我双手抓着车把手，弓着腰，右脚蹬向虚空，试图下车，车却压根不听指

---

① 纳罕：诧异，惊奇。

挥。命悬一线之际，我唯有保持独门的弓腰姿势，堪堪①从"女兵"身旁划过。还没等我松一口气，车已下了长坡，冲到平地上，且丝毫没有停下来的意思。不仅如此，它还笔直地向站在十字路口的巡警冲去。我心中忐忑不安，想着今天或许也要被巡警斥责，却又无法改变弓腰的姿势。自行车以一种要与我同归于尽的气势向人行道猛冲，从车道冲上人行道，却也没有停下来，而是撞在木板墙上，往后倒退了九尺，终于停在了离巡警三尺远的地方。巡警笑着问我："学车挺不容易的吧?"我答："Yes."

不记得哪月，不记得哪日。"您查资料的时候会去大英博物馆吗?""不怎么去，因为我总喜欢在书上乱写乱画。""不错，自己的书用起来更加随心所欲。但是，每当我想写书的时候，就会去那里……"

"听说夏目先生学习相当刻苦。"一旁的夫人开口说道。"没有的事儿，最近我听从别人的建议开始骑自行车。从早到晚光骑自行车了。""骑车很有趣啊。我们全家都会骑。您一定也会骑车远游吧。"然而，这位被夫人认定为能骑车远游的"大师"，实际上甚至无法从一般意义上理解"骑车"这一概念，只是一个凭借着曲解后的理论，勉强能从坡顶骑到坡下的男人。"骑车远游"这几个字使我惶恐不已，但在 20 世纪的今日，夸大其词已进化成人类的第二天性。在这一点上，若是处世圆滑老到的

---

① 堪堪：渐近，渐渐。

人物，必定会机敏地给出以下回答："我虽没尝试过骑车远游，但从坡上一口气冲到坡下的感觉还是不赖的。"

　　一直沉默着的千金小姐似乎误以为这家伙真有两把刷子，向父亲大人、母亲大人提议道："我们找个时间，和夏目先生一起骑车去温布尔登吧。"父亲大人、母亲大人同时朝我看来。此时，我被迫陷入一种如坐针毡的境地。然而，妙龄美人呈上的这份请战书，又不能仅用一句"对不起"打发掉。有教养的绅士倘若对女士不敬，这不敬将变成一生的不体面。偏巧在此时，二寸五分长的衬衣高领又一直扼着我的咽喉，提醒我必须保持高雅的气度。于是，我露出一副半是平静半是愉快的表情："那一定很有意思，但是……""知道您学习很忙，但这周六应该有时间吧。"对方开始步步紧逼。我说"但是"时并未预设其后的借口必然是忙碌。连我自己都尚不确定这"但是"为了什么而存在，对方却抢先一步使我的"但是"变得无法收场。"但是，行人多的地方，呃……那个，我还不太习惯。"终于为自己开辟了一条活路。然而，话音未落，对方便立刻张开双臂挡住了我的去路："不，那边的路可是非常安静的。"我暗自佩服起她来，并非只有自行车才能使我尝到进退两难的滋味。但光是佩服无法解决任何问题，此时此刻，唯一的办法就是将"但是"再重复一遍："但是……这周六天气好吗？"我尽量将态度表达得隐晦，这是个无论问谁都无法得到答案的问题。尽管如此，众人也看得出，这场比试最终是男方输了。男主人作为审判官，意识到此时该是宣判的时刻，开口道："不必着急定日子，过几天我会骑车拜访府上，到时候一起散散步吧。"邀请骑自行车的人一同散步，说明他已将我看穿，认定我无论如何也没有作为"骑自行车的人"的资格。

没能与这位美丽的小姐一同去温布尔登究竟是幸还是不幸。这个问题，我想了四十八小时也没想明白。日本派的俳谐大师称之为"朦胧体"。

不记得哪月，不记得哪日。基于数日来沉痛的经验与细致的思考，我得出了以下结论：

自行车的车鞍和脚踏并非为了好看随意装上的花架子。车鞍是用来安放臀部的车鞍，脚踏是用来安放双脚、踩踏后使车轮转动的脚踏。把手则是最危险的道具，具备令人啧啧称奇的功能，只消握住一次，就足以使人头晕目眩。

想象一下对自行车刚开悟的我和监工及其朋友——某位年轻的贵族伯爵并驾齐驱，横穿克来芬公园，向有轨马车通行的大马路拐去的场景。想象一下我的车被这两位左右夹击，本就不好操纵，只有前方尚可通行。再想象一下，此时前方唯一的出口突然被堵住。事实就是，在我即将横穿马路的当口，右侧突然出现了一辆不懂规矩的运货车，既没有同我打招呼，也没有说抱歉，就这么堂而皇之地从我眼前经过。若还保持着这态度，两者必然是要起冲突的。我的处世原则，是只有己方百分之百获胜的前提下才可与人发生冲突。若结局是显而易见的失败，那么这冲突能免则免，此乃我家家训。遵照此家训，我亲爹的临终遗言也会叫我不要拿这辆发出悲鸣的老朽单车与庞大的运货车相碰。话虽如此，若向左右两边躲避，同行的两位必然有一位受波及。这两人一位是年轻的伯爵少爷，一位是我的恩师，撞谁都令人惋惜。身为一介草民，万不能行此大不敬之事；身为一介"俘虏"，亦不能以下犯上。自古孝礼两难全，不过片刻工夫，我便明白，摆在我面前的只有两条路，要么后退，要么跳车。事到临头，过去的狼狈经历一一浮现在我的脑海中。可能的话还是后退比较好，至少比跳车好一万倍。悲夫，此单车尚未安装后退装置，到了如今这个地步，实在别无选择，唯有一咬牙一跺脚跳车。于是，我在两车的夹缝中咚的一声跌了下来。偏巧此时，离我四米远的地方站着一名百无聊赖的巡警——不知从何时起，单车与巡警变得像生鱼片与小菜，成了秤不离砣、砣不离秤的关系。像是为了验证这种关系一般——这位巡警抬高嗓门，"哈哈哈"地大笑了三声。此笑不是苦笑，不是冷笑，不是微笑，更加不是英雄豪杰的开怀大笑。完全是假笑，是被人收买后故意发出的笑。这几声假笑能给这位巡警带来多少进项，六便士，抑或一先令？很遗憾，我并没有闲工夫追究这一点。

巡警笑声未落，我便跟在两位同行人的车后向前冲去。此刻，倘若站在那里的不是巡警，而是前几日的千金小姐，我是否还能如现在这般迅速地重整旗鼓？这问题不到那紧急的时刻无法回答，故就此略过。继续往下讲，两位同行人以对这一带不熟悉为借口，让靠不住的我带路。我虽了解路线，却对自行车一点儿都不了解。因此，无法随心所欲地朝想去的方向骑，骑到十字路口时，也只能往容易拐的方向拐，使得我们在同一个地方来回打转。起初还能找些借口糊弄过去，但终究纸包不住火。同行人发话了，命令我朝另一个方向骑。我虽然答应得好好的，但事与愿违才是人世常态。那个方向并不容易拐，骑到路程的三分之二时，我终于下定决心，用力扭转了车把手，单车立刻来了个九十度的大拐弯。这个急转弯究竟为我博来了怎样意想不到的功名，这事儿也没有留到下回分解的必要，答案即刻揭晓。那时我并未留意到，在急转弯的瞬间，有一个人正骑着自行车跟在我身后。此人被这突然袭击打了个措手不及，来不及躲闪，结结实实地摔在了我的车旁。事后我才知道，在十字路口拐弯时有条不成文的规矩：须提前向他人示意——要么鸣响车铃，要么抬起单手。但喜好歪理邪说的我并不准备遵从这毫无新意的规矩。更何况，鸣响车铃、抬起单手这类的麻烦事儿，在那种危急的情况下根本来不及做。并且，我之所以不打招呼猛然转弯，完全是身不由己。跟在我屁股后头的男人受惊坠车也是身不由己。两人都有各自的身不由己，故此一切都是理所当然。但西洋人的逻辑似乎没那么发达，那位坠车者脾气极大，骂我不懂规矩，被骂的我本应报一箭之仇，但在那时，我却表现出了宽宏大量的豪杰本性，留下一句"真可怜啊"，便头也不回地拐弯了。在这里请容我慢慢为自己辩解一下，真实情况其实是这样的：在我打算回头的当口，正好驶过一辆车，以致我除了"真可怜啊"之外，根本来不及说别的。性格率直的我害怕被人当作居心叵测之人，可姑且算作豪杰。

但倘若就此戴上"豪杰"这顶高帽，今后再做出什么失礼举动的话，怕是要倒霉七辈子。

不记得哪月，不记得哪日。漱石骑车，结局难测，本以为自己要从车上摔下来，没承想却摔了别人。这段经历使我精神为之一振，今日便厚着脸皮，大摇大摆地往巴特西公园骑去。公园本身颇为安静，但眼前三百米长的路段却拥挤不堪。对身为初学者的我而言，是道难以攻破的难关。此刻，我的自行车顺利地通过了薰衣草之坡，向四通八达的道路中央驶去。对面停着辆有轨马车，马头朝着我的方向，它的右侧停着辆巨大的运货车，车头同样面朝我。两车之间约莫一米二的距离，我只能骑着车从这一米二的缝隙中穿过。当自行车的前轮与马的前足在一条水平线上时，亦即我的身体即将进入有轨马车与货车之间的缝隙时，一辆自行车疾风一般从对面横插了过来。如此危急时刻，保命最要紧，就连我也顾不上思考该选择后退还是跳车。等我回过神来时，身体已然跌了下来。因跌落的方式有些不妙，我摔下来时，左手狠狠地捶了一下马肚子，总算避免了摔成大字形。我还没来得及感到庆幸，有轨马车便开始往前移动。马儿受惊踢飞了我的单车，对方却装作若无其事的样子骑车开溜。这次的我看上去比以往更加愚蠢。此时，一位绅士驾驶着一辆豪华的双轮马车从后方疾驰而来，扬鞭的同时朝我看了一眼，说道："别担心，我不会杀了你的。"我心中暗自吃惊，原来英国竟是这样危险的地方，骑个自行车竟可能招来杀身之祸。

自我向那一百五十斤的老太太投降，遭逢自行车劫难以来，大跟头摔了五次，小跟头不计其数。时而撞到石墙上，擦破小腿；时而撞到树上，掀翻指甲盖……实在苦不堪言。然而种种辛苦在老太太的冷嘲热讽面前根本算不得什么。这位一百五十斤的老太太本就喜欢无端嘲讽别人，把人当傻瓜。在她讥讽别人时，她的妹妹——一位八十斤左右的老太太，负责眼不眨地盯住我黄色的脸，观察我眉眼间的变化，此项工作可谓"劳苦功高"。自从被两位老太太苛责，我的猜疑心日渐加深，叛逆的性情有增无减，最终不得不将敞开的大门紧锁。我那黄色的脸也因此变得越来越黄。两位老太太通过观察我脸上黄色的深浅度制订一天的日程表。对她们而言，我实际上是一个可移动的黄色晴雨表。若要问我通过偶尔的屈服赢得了什么，大概就是浪费宝贵的留学时间吃两人份的公寓伙食吧。如此看来，这投降于我无益，于她们也是损失。悲哉，悲哉！

处女作追忆谈①

　　我的处女作说起来应该是《我是猫》吧。其实并没有什么可追忆的，我只是偶然地写出了那样一本书，一切不过是顺势而为。

　　话说回来，原本我就缺乏一种必须要做什么的使命感。当然，我既生而为人，就必须有所作为。同时，我或许也和寻常人一样，有一种必须证明自己的存在、将自我的存在展示于人前的想法。但是在创作方面，在动笔之前，我并没有一种特别地想表达自我的意愿。

　　接下来我要讲一些自己的经历。那刚好是我大学毕业没多久发生的事。某天，外山正一找到我，说："跟我来一下。"我去了，他问我想不想做老师。我从未考虑过这件事，自然无所谓想与不想，被他这么一问，倒也觉得未必不是一条出路。于是便对他说，想姑且试一试。外山先生将我引荐给了嘉纳先生，嘉纳先生是高等师范的校长。我一到他那儿，他便发表了一通高谈阔论。教育事业如何如何，教育工作者必须如何如何，皆

---

① 本文写于明治四十一年（1908），发表于《文章世界》。

是吾辈无法做到的。现在我已养成了听话只听三分之一、工作只做三分之一的习惯，可在当时，我还是一个过分耿直的人，做不到这样。所以我认为自己一定不行，便拒绝了对方。谁知，嘉纳先生却说了一番十分高明的话："见你这样推辞，我反而更想聘请你了。总之，尽力而为就好。"被他这么一说，凭我的性格很难再拒绝，于是便在高等师范做了老师，这是我职业生涯的开端。

时间往回追溯，我十五六岁时读了许多汉籍和小说，觉得文学甚是有趣，自己也想尝试着创作，就把这个想法告诉了现在已过世的兄长。兄长说文学不能作为职业，顶多是一项业余爱好，非但没有鼓励我，反倒把我斥责了一番。然而，我仔细考虑过后，还是想从事自己感兴趣的职业。与此同时，这份职业还必须是社会不可或缺的。为什么会这么想呢？原因在于我是个怪胎，这一点叫人为难。当时我并不十分清楚怪胎的含义，但是，从我自称怪胎这一点来看，我也很难一一遵照世间规则生存。世上有没有一种职业，无须扭曲自我，使我感兴趣，同时又对社会而言不可或缺呢？那时浮现在我脑海里的，是佐佐木博士的养父，一个名叫佐佐木东洋的人。那人现在也在骏河台开了家医院。他是个人尽皆知的怪人，但社会又十分需要他。并且，那人从来不会扭曲自我，活得极其出色。还有一个叫井上达也的眼科医生也在骏河台，那人恰好是和东洋先生一样的怪人，也被社会所需要着。因此，我衷心地希望自己能变得像他们那样了不起。但我讨厌医生这份职业。于是我每天都在想：

除了医生之外，还有没有其他好工作呢？我偶然间想到了建筑。建筑是衣食住行中的一项，所以对社会来说不可或缺，不仅如此，它也是美妙的艺术。我对此有兴趣，并且它本身也被世间所需要，我便决定选择建筑作为毕生的职业。

　　然而，恰好在那时（就读高等学校时），同年级里有我一个朋友，名叫米山保三郎。那人才是名副其实的怪胎，每日挂在嘴边的都是些宏大的课题，诸如"宇宙是什么""人生是什么"。某日，此人来拜访我。同往常一样，被迫从他嘴里听了一连串哲学家的名字后，他问我将来想做什么。我将我的想法告诉了他，他立马表示反对。那时，他发表了一通高谈阔论，说在日本，无论你的建筑水平多么高超，也无法建造出像圣保罗大教堂那样流传于后世的建筑。他还说与建筑相比，文学尚有生命力。我原本的想法比这人说的实际得多，是以养家糊口为出发点得出的结论。听完米山的言论，虽觉得大而无当、不得要领，但的确眼界非凡。此人仿佛根本不将衣食住行放在眼里，我很佩服这一点。被他这么一说，我也深以为然，当即改变了自己的想法，又立志要从事文学。可以说十分随性。

　　然而，我并不想读汉文科和国文科，因此最终决定就读英文科。

　　当时，我的志向极其笼统，只是想学好英文，用外语写出了不起的文学著作，让西方人大吃一惊。然而，在大学学习的三年里，这个愿望逐渐变得遥不可及。毕业时，我成了一个彻头彻尾的蠢物，简直没有被称为学士的资格。尽管如此，因为分数考得不错，旁人还是给予了我意料之外的信任。面对他人时多少有些优越感，但当我面对自己时，却觉得极其悲哀。在我浑浑噩噩讨生活的过程中，这份对自己的怜悯开始凝结，变成了一种益于身心的妥协，说得不好听就是自甘堕落。尽管如此，我对世间还是极其不屑的，心中自比隐居在某座高山的林公①等人物。

不久后，文部省问我是否愿意去留学。我回答说一定有比我更优秀的人，让那些人去吧。对方却让我别说这样的丧气话，去长长见识也好。既然如此，去一趟也好，我便去了。然而，在留学的过程中，我逐渐变得厌恶文学。阅读手边现成的西洋诗，也觉得索然无味。我不禁觉得假装喜欢文学的自己，就好像一个挥着并不存在的翅膀在天空飞行的人，一个明明一贫如洗却摆出一副阔佬嘴脸在街上昂首阔步的人。就在此时，池田菊苗君从德国来英国，留宿在我的公寓。池田君虽是研究自然科学的，谈吐间却像个伟大的哲学家，这使我十分惊讶。我们进行了多场辩论，我多次被他驳倒，这些事令我记忆犹新。在伦敦遇到池田君使我受益匪浅，在他的影响下，我放弃了幽灵般的文学，决心进行更有条理、更具分量的研究。随后，我在此方针的指导下进行了部分研究，整体的计划打算在日本完成。从西方回国后，有人问我是否愿意去大学教书。我说既然如此，那就去吧，遂进了大学工作。去大学工作便无法进行前文所说

---

① 林公，应指北宋隐居孤山的诗人林和靖。林和靖喜植梅养鹤，自谓"以梅为妻，以鹤为子"，人称"梅妻鹤子"。

的研究，所以最开始我是拒绝的。

我和正冈子规君是多年老友，在伦敦留学时，我曾写信告诉他公寓生活的无奈，正冈将那些信刊登在了《杜鹃》上。我与《杜鹃》原本就有些渊源，因为刊登了这些信，回国时（当时正冈已经去世），主编虚子①就嘱托我给杂志写点什么。我便写了《我是猫》，然而虚子读完后却觉得写得不好。理由他也一五一十地跟我说了，但现在我已经完全不记得了。总之当时的我深以为然，将《我是猫》重写了一遍。

重写后的《我是猫》获得了虚子的高度赞赏，并将其刊登在了《杜鹃》上。事实上我原本只打算写一回，虚子却觉得很有趣，命令我继续写下去，不知不觉就变成了那样的长篇小说。所以我才说，我只是偶然间写出了这样一本书，并不是因为对当时的文坛产生了这样或那样的思考。想写便写了，想创作便创作了，仅此而已，一切都是顺势而为。不过，创作之初和创作结束时我的想法差异较大。文体等也不想模仿他人，便尝试了那种写法。

总而言之，我就是这样走到今天的。回顾以上种种，我似乎对任何事情都缺乏积极性，想想连我自己也感到吃惊。选择文科是因为朋友的建议，当老师是因为别人的邀请，留学、归国后到大学工作、入职《朝日新闻》、写小说皆是如此。因此我这个人，从某方面来说，是被他人造就的。

---

① 高滨虚子，日本俳句诗人，1898 年成为子规所办文学杂志《杜鹃》的主编。

文艺不足为男子一生之事业乎[①]

　　文艺究竟是否足以成为男子一生之事业？回答这个问题之前，必须先明确何为文艺。何为文艺，这一点也是见仁见智的。在争论文艺是否足以成为一生之事业前，双方应就文艺是什么下一个定义。我说的文艺是这个意思，你说的文艺是那个意思。那么，我们再来讨论文艺是否足以成为男子一生之事业。倘若双方之间并未给文艺下一个定义，这场争论将永远不会有结果。那么，文艺究竟是什么？给文艺下定义亦有些许难度，并不是轻而易举就有定论的。总而言之，这个问题不太好回答，必须先弄清楚文艺本身。倘若你问我是否清楚何为文艺，我会这么回答。我的思考或许不能明晰到让所有人信服，但足以使我自己感到满意。但若要我根据这个思考判断文章开头出现的问题，照例又会变得麻烦。因为如此这般，我认为文艺足以成为男子一生之事业。我必须一一罗列得出该结论的理由，所以并不是那么好论述的，是相当困难的。但是如果不要求说明理由，只是让我说一个结论，那便没有什么妨碍。以我对文艺的思考来

---

① 　本文写于明治四十一年（1908），发表于《新潮》。

判断文艺这项职业，我认为即使拿社会上最优秀的职业与之比较，文艺也不会落了下风。或许不能说比对方优越，但绝不能说比对方逊色。将文艺作为一项职业来看的话，或许有人会说文艺不足以成为男子一生之事业，政治才是男子之事业。或者宗教不是男子一生之事业，卖豆腐才是男子一生之事业。首先，以什么样的标准判断职业的优劣，这一点是相当模糊的。倘若标准不止一个，那么双方就应该制定某项标准，否则便无法判定职业的优劣。如果不制定标准，以普遍的眼光来看的话，那么所有的职业都是一样的，并无优劣之分。所谓职业，指的是为达到生活之目的而使用的手段。世间所有的职业，都是为了证明从事这项职业的人能凭借该职业养家糊口而存在的。换言之，倘若不能养家糊口，便没有作为职业存在下去的价值。只有能养家糊口的职业，才能作为职业存在于世。如果一门职业可以养家糊口，我们便不得不承认这份职业能够实现其作为职业的价值。从能够实现作为职业的价值这一点来看，所有的职业都是平等的，并没有高低贵贱之分。从这层意义来说，车夫和木匠同样没有高低之分。相对应的，木匠与文学研究者，文学研究者和政治家亦同样没有高低之分。因此，如果说研究文学不足以成为男子一生之事业，那么也可以说政治家不足以成为男子一生之事业，军人亦不足以成为男子一生之事业。反过来，如果说研究文学足以成为男子一生之事业，那么同样可以说木匠、卖豆腐、给木屐装木屐齿足以成为男子一生之事业。

但是，如果制定了某项标准，职业与职业之间便立马能分出优劣。然而，判定优劣的标准千差万别、多不胜数。譬如，设定一个标准，说最符合道德的职业是最好的职业。那么这个道德，指的是何种倾向的道德？指的是哪个时代里，具备哪种倾向的道德？单是"道德"这个词语，就能下无数定义，更别说其他的了。又比如将健康作为标准，可以说对身体好的职业便是好职业，那么劳动者自然要比研究文学的人出色。如果说最危险的工作最高尚，那么军人、探险家一类的职业便最了不起。或者说，获得报酬最多的职业是最好的职业，那么实业家便是最出色的职业；又或者说，除了金钱之外，还能得到名声的职业才是最好的，那么演员、艺伎、相扑选手一类的职业就是最好的职业。按照这种方法，还可以列举出无数种好职业。这个话题是没有尽头的。因此，文学是否足以成为男子一生之事业，问题的答案取决于标准的制定方式。依据不同的标准，文学可能成为空前绝后、绝无仅有的光鲜职业，也可能成为天底下最愚不可及、最下贱低劣的职业。因此，一切取决于所采取的标准。那么或许有人要问，你的标准是什么？我虽然制定了一个大致的标准，但在不同的时机和情况下，这个标准也会发生改变。比如，快过年了身上一文钱都没有，痛感金钱之可贵时，身为一名收入微薄的文学研究者，我或许会觉得世上再没有比研究文学更愚蠢的职业了。又或者，文学危害了我的健康，久坐无法给我一个健康的体魄，而我又恰好处于一个非常重视健康的阶段时，那么必须久坐的文学研究者便是世上最无聊的职业。如此这般，标准一直都在发生变化。或许又有人会说，这些标准之外，一定在某处存在更大、更笼统的标准。前文也提到过，回答这个问题前必须给文学下个定义。要研究文学与生命的关系，在明确了生命的意义与价值的基础上，与其他复杂的职业进行比较，否则无从谈起。如此一来，话题就变复杂了，无法在这篇文章里解释清楚。只说结论的话就非常简单，我认为文学是一门出色的职业，值得我们投入一生。

这个回答或许给人一种模棱两可、不负责任的感觉，似乎并没有触及问题的本质，让人觉得不够充分。我并不是不能给出触及问题关键的回答，但如果这么做，反而会使答案变成由若干个局部构成的论述。因为这并非我的本意，所以干脆给出了一个像这样笼统而宽泛的回答。

基于前文叙述的理由，即使有人说文学不足以成为男子一生之事业，我也丝毫不会感到惊讶。同样的，即使有人说文学是世上最光鲜亮丽的职业，没有任何一个职业能如它一般赋予人生如此丰富的意义与价值，我也决不会感到高兴。文学有没有巨大的价值，存不存在深刻的意义，双方再争论得不可开交，也不过是"公说公有理，婆说婆有理"。这样的争论既没有意义，也没有根基。他们按照不同的方式制定了标准，又依据不同的标准展开了争论，所以这个争论将永无止境。乍一看双方是矛盾的，实际上并不矛盾。这就好比一个人看见了筷子的尖头，便说筷子是细的；另一个人看见了筷子的中部，就说筷子是粗的。看似矛盾，实则不然，双方都有各自的依据。在争论之前，两人应该同时观察筷子的中部，再去讨论筷子究竟是粗还是细，这才是真正意义上的争论。

今日针对文学价值的争论，是不是事无巨细、连问题的细枝末节都考虑到了的争论，抑或是在笼统地讨论文学是否具备价值，双方其实并未站在矛盾的对立面，只是在筷子的尖端和中部徘徊不定？这些都是必须要考虑的问题。我认为，恐怕是后者。

我想描绘的作品^①

您问我想描绘什么样的作品？我也在思考，自己究竟想写什么。我想在自己的能力范围内，描写各种各样发生了变化的事物。我想尽可能从多个角度，描写符合我性情的东西。然而，对像我这样的人来说，以上种种不过是愿望，或许我永远都写不出符合心意的作品。所以这虽然是个笼统的回答，但对您的问题，我大致只能言尽于此。我并非那种先有某项原则主义，再借由创作将此项原则主义宣扬于世的作家。因此，不会产生要写此类东西来表达此类主题这种局部性的想法。人们虽然会谈论作品为社会带来的影响、感化作用，但那是作品依据本身的类型、性质自发产生的。只有在面对显而易见的、具象化的、已完成的作品时，我们才可以讨论作品想从哪几个点，以怎样的方式，影响怎样的人。对于尚未完成的作品，我们不能在此预判它的未来。

您说要我谈谈过去的作品？那么，请您提出您的问题，我会针对您的问题进行回答。您问《虞美人草》里的藤尾，她的

---

① 本文写于明治四十二年（1909），发表于《新潮》。

性格究竟是源于娇生惯养下产生的强硬自我，还是重视自我意识的现代潮流？两方面都有。如果我只是单纯地想要表现重视自我意识的现代潮流，并以此为目的写作，就不会是现在这个写法。然而确实存在这一面。您问我是否刻意让个性强势的藤尾和性格柔顺的系子形成对比，从而展示出两位性格迥异的女性不同的命运？我完全没有这样的想法。自我意识强的女性并不一定会有那样的下场。如阿系一般柔弱顺从的女子也不一定会是那样的结局。因此，如果您因为那部作品里描写了两位个性不同的女子迥然的命运，就立刻按图索骥，认为这说的是世上所有具备这两种性格的女子的结局，那就让人伤脑筋了。我并未规定两种那样性格的女性一定会走向那样的结局。说到底只是特例，并不打算以此影射全体人类命运。

您问塑造两位性格迥异的女性，设置那样的剧情，安排那样的结局，是否暗含批评的意味？倘若您说的批评，是指所谓的仿古小说中，在读者、作者预设的时代里，为迎合世间公认的道德准则而刻意施加的道德审判。那么我可以回答您，绝非如此。身为一名作家，如果头脑里预设了某种批评，为迎合此种批评，塑造人物、设置情节、创作作品，那么这种做法，无异于亲手褫夺自己作家的资格。一部作品的完结——其作为作品被完成，意味着其身为作品不受外界主题的支配。换个更加详细的说法，我认为所有不是基于纯粹的创作目的而创作出来的作品，例如为一己利害创作的作品，为泄私愤创作的作品，都不能说是一个已完成的作品。已完成的作品指的是不受任何事物的支配、命令以及约束，仅以创作本身为目的创作而成的作品。倘若这部已完成的作品给读者带来了某种批评，亦无伤大雅，作家也不必推辞。因此，如果读者看完《虞美人草》后，认为作家是为展示某种训诫，刻意逢迎，创作了这部作品，那就说明我在作品中留下的人为痕迹过于刻意，以至于被看穿。一部人为痕迹多到被看穿的作品，只能说是失败之作。

　　自然完成的作品虽然不是为了刻意展示批评而创作的，但在这部自然完成的作品中，倘若我认可以上批评的话，身为作家的我便会产生一种满足感。如果我受制于一种必然与作品共存的作家哲学，并且读者认为我为了达到自己的目的，为了引导出这样的故事结局，刻意设计了情节的发展、人物的性格，那么无论我多么出色地展示出了我想展示的哲学、批评，身为作家的我都将颜面尽失。

　　人们似乎常拿易卜生举例。只要读了易卜生的作品，你就会发现，虽然他一直凭借着某种哲学创作作品，但他的作品却不像受制于某种哲学的人创作出来的。他笔下的人物自发地行动着，情节极其自然，没有刻意迎合的痕迹。正因为作品被精雕细琢到了这个地步，我们在阅读易卜生时，才不会觉得他为了宣扬一种哲学，创作了刻意的非艺术性作品。易卜生的作品之所以拥有宁折不弯的生命，大概也是因为这一点。然而，萧伯纳却不同。萧伯纳我读得不多，但就读过的作品而言，我认为其中毋庸置疑地存在一种哲学。并且，他为了展示这种哲学，编排出了刻意的戏剧。也就是说，他的戏剧处处受制于他的哲学，是被哲学压迫的戏剧。因此在这一点上，易卜生与萧伯纳有着云泥之别。即同样具备一种哲学时，究竟是选择为了哲学连累作品，让读者一眼看穿，还是选择在自然完成的作品中放入折叠后的哲学。虽然两种做法只有一线之隔，但其中却蕴含关键性的因素。我的《虞美人草》等作品虽没有出现这样的问题，但正是这细微的差异，决定了一个作家是否成功。

人们没有必要通过艺术性作品获取批评。但它的潜台词是指不可为了批评，扭曲作品本身的价值。倘若自然流畅的作品里自发地浮现出批评，那也是无伤大雅的。此外，我相信所有的文艺性作品，在一定意义上，都会带来某种声音。虽然我也想谈一谈这种批评的意义以及文艺作品是如何转化成批评的，但今日时间有限，故就此略过。不过，在即将出版的《文学评论》① 里，有我对这一问题的详细论述。

---

① 夏目漱石撰写的一本研究 18 世纪英国文学的批评著作。

我 与 钢 笔①

　　前几日与鲁庵君②见面时，我问他丸善的店里一天能卖出多少支钢笔。他说，多的时候能卖一百支左右。我又问，一支钢笔能用多长时间。他说，前段时间有个横滨人拿着钢笔来店里，说笔还能用，就是笔杆有些磨损，问能不能只换笔杆。此人只在十三年前买过一支钢笔，一直不间断地用到现在。这大概是使用时间最长的例子。如此说来，普通钢笔无论被怎样粗暴地使用，都能保证六七年的使用寿命。作为使用寿命如此之长的商品，一天却能卖出一百支，由此可见许多人都需要使用钢笔，并且这人数还有不断增长的趋势。不过，其中也有人以购买钢笔为乐。这种人手里的钢笔明明还能用，却觉得厌倦，想买新钢笔，买完新钢笔后不久，又想要其他种类的笔。他们乐此不疲地尝试着不同种类的钢笔，并在此过程中获得愉悦。我不认为在现今的日本，这种兴趣是得到了广泛普及的。在西方，有人喜欢烟斗，便把大小各异、长短不一的烟斗整整齐齐地排成

---

① 本文写于明治四十五年（1912）。

② 即内田鲁庵，日本著名小说家、评论家。其译注的《罪与罚》《复活》给当时的日本文坛带来很大的影响。

一排，摆放在暖炉上，不时地欣赏。单从收集狂这个角度来看，这些摆烟斗的人和收集酒杯的人、攒水瓢的人没什么不同，都是为同一种兴趣所驱使。他们爱的不过是优秀的甄别力。这种甄别力能够帮助他们在面对相同种类的物品时，敏锐地发现外行察觉不到的微妙差异。"钢笔狂"从性质上来看，多少有接近实用性的一面，所以并非不能与上述几种人区别开来。但有些人却硬要买一些原本就没有什么用处的钢笔，一买就买五六支。从这一点来看，与上述几种收集狂也没有太大的不同。但说到人数，至少从日本的现状考虑，应该不及西方"烟斗狂"的十分之一。因此，丸善卖出的一百支钢笔里，有九十九支应该都是寻常人迫于寻常的需要，买来放在桌子上或是别进口袋里的实用品。由此可见，虽然不知道钢笔引进了多少年，但它确实正在变成一种昂贵却不可或缺的物品，这一事实是无可争辩的。

据说，最高级的钢笔一支可以卖三百日元。丸善引进的钢笔里，也有售价达六十五日元的高价品。当然，普通人基于普通需要购买的钢笔大多是十日元左右的低价品。即便如此，和一分钱一支的蘸水笔、三分钱一支的毛笔相比，价格还是高了好几百倍。钢笔价格不菲，一天却能卖出一百多支。这究竟是因为我们的购买力已强大到足以赏玩这种便利却不得不归类为奢侈品的物件，还是因为钢笔已成为生活必需品，重要到人们不再计较价格高低的地步？原因必在二者之间。然而，把原因归结为其中之一实在是愚蠢至极的做法，再加上事实允许，我姑且认为是这两个因素的共同作用引发了钢笔需求。以我个人的见解来看，后者所占的比重更大。

老实说，我与钢笔既没有什么深厚的渊源，也没有精通到足以向别人讲解钢笔的地步，完全是个门外汉。从开始用钢笔到现在，也不过三四年的光景，所以谈不上感情深厚。不过，十二年前留学时，亲戚倒是送过我一支钢笔，作为临别赠礼。但还没用，就被我在船上做器械运动时弄坏了。在国外的那段时间，我一直将就着用蘸水笔。回国后，即使身处不得不写书稿的境遇，也坚持用蘸水笔费力地写下我那笔烂字。至于为什么三四年前突然决定改用钢笔，原因记不太清了。但最大的原因一定是受方便这一实用性动机的影响。当时，从未用过钢笔的我在丸善买了两支百利金①，至今仍在使用。但遗憾的是，百利金给我带来了十分糟糕的体验。它经常在没有得到我命令的情况下将墨水在稿纸上滴得到处都是，同时又在我需要它出水的时候固执地拒绝我的要求，把主人虐待得够呛。不过，身为主人的我，或许也没怎么好好对待百利金。钢笔没水时，懒惰的我时常随手抓起桌上的墨水，不管什么牌子，直接往百利金肚子里灌。向来讨厌蓝黑墨水的我还特意买了深褐色墨水，毫不客气地扒开百利金的进水口，强迫其吞咽进去。我毫无经验，并不懂得如何保养百利金。事实上，无论百利金的出水多么不畅，我也不曾清洗过它。因此，百利金大概对我极其厌恶，而我对百利金差不多失望了。今年过年，写《春分之后》时，时代再一次倒退，让我回到了与蘸水笔打交道的过去。那时，我才发现自己对闲置一旁的百利金依旧怀有感情，就像一个和第一任妻子离婚后，依旧对她念念不忘的男人。用蘸水笔写字

---

① 百利金，德国著名钢笔品牌。

时，每当墨水用尽，都必须将笔浸到墨水瓶里，拿出来后再接着写，这种烦琐的步骤叫我难以忍受。所幸，写书稿并不是那种省掉这几个步骤就能快速完成的工作，再加上用蘸水笔能随心所欲地在纸上涂抹我钟爱的深褐色，我便决定用蘸水笔写完《春分之后》。但这决心的背后多少暗含着一种死要面子活受罪的心理。

我写的书稿并不需要过分仰赖机械性的便利，而且由于不懂挑选和使用方法，我与钢笔之间多少产生过龃龉。然而，就连我这样的人一旦完全不用钢笔，也会感觉到一定程度的不便。由此可见，其他人之所以不在乎售价，抛弃毛笔和蘸水笔，竭力向钢笔靠拢，完全是基于实际的需要。钢笔之所以卖得好，并不是因为它变成了有钱人家的少爷或者败家子钟爱的玩物。

以上便是我对丸善钢笔热销这一事实的解释。但我缺乏对各类钢笔的比较研究，无法就钢笔的性能优劣发表一两句意见。这使我感到惭愧不已，自认落后于时代。如同爱喝酒的人了解酒一样，写作的人也必须了解手中的钢笔，我认为我们迟早会进入这样一个时代。在不久的将来，人们或许会笑话我，只用了一支百利金就断定钢笔不好写。而我为了避免遭人嘲笑，亦有必要尝试一下其他的钢笔。现在这篇稿子，就是用鲁庵君特意送我的奥诺托[1]写的。这笔写起来流畅顺滑、毫无阻滞，令人心情愉悦。赶走了百利金的我将它的"姐妹"奥诺托迎进家门，多少是出于一种对钢笔赎罪的心态。

———————————

① 20世纪五六十年代，英国老牌制笔厂商 Onoto 出品的钢笔。

文人的生活①

　　社会上流传着各种与我有关的谣言，说我家财万贯、坐拥豪宅，通过买卖土地和房屋赚了不少钱，这些都不是真的。

　　倘若我家财万贯，就不会住在如此肮脏的屋子里，我甚至不知道购买土地房屋需要什么手续。就连现在的房子也不是我的房子，是租来的，每月都在支付租金。社会上的谣言可以说极其不负责任。

　　首先，从我的收入方面考虑一下。我有积累万贯家财的途径吗？——说到这里，或许有人会问："那么，你的收入是多少？"要说固定收入，就是朝日新闻②每月发的工资。至于具体是多少，我不清楚方不方便由我透露。想知道的话，请去问报社的人。剩下的收入来自写书，我写了十五六本书，每本都抽版税。也许又有人要问，版税比例是多少。说出来也许对不起书商，但听说我的比例比其他人高一点。其中最畅销的是《我

---

① 本文写于大正三年（1914），发表于《朝日新闻》。
② 日本三大报社之一。

是猫》，除了常见的菊型开本①外，最近还印刷了缩印版，加在一起共三十五版。初版印了两千册，再版几乎都在千册以下。并且，三十五版指的是上卷，中卷、下卷均不到三十五版。虽说能抽取一定比例的版税，但众所周知的是，写书是赚不了大钱的。

总的来说，写书卖钱这事儿，如果可能的话，我是不想做的。写书的目的一旦变成卖钱，多少会勾出人的私欲。不知不觉中，便会产生一些杂念，诸如想收获好评，想变成畅销书作家，等等。如此一来，人的品性、书的气质都容易变得卑俗。最理想的状态是自费出版，只将书籍送给志同道合的人。但因为我是个穷人，所以做不到这一点。

我并非不看重衣食住行，也不是不想穿好看的衣服，吃美味的食物，住气派的屋子。只不过因为这是无法实现的，所以才安于住在这样的地方。

我喜欢漂亮衣服，却并不追求流行。人一旦上了年纪，再怎么扮时髦也是白费心机。所以妻子给我准备什么衣服，我就穿什么衣服。但看见身着美丽衣服的女子，还是会发自内心地欣赏。

饮食方面跟爱喝酒的人一样，吃不了寡淡的食物，喜欢口味重的菜。中国菜、西餐都好，日本菜是不想吃的。话虽如此，我的舌头却也不像某位被称作美食家的人那样挑剔，吃中国菜、

---

① 指洋纸制作的十六开书籍的规格，比 A5 型开本稍大，为 218 mm×152 mm。

西餐时非某某餐厅的某某菜不可。味觉不算发达，只能说喜欢油腻的食物。不喝酒。日本酒的话，一杯正好，喝两三杯就要醉了。

但我吃零食。不过，只在家里有零食的情况下才吃，并不会特意上街买。也喜欢喝煎茶，却不懂如何泡茶。会抽烟，曾经戒过一段时间，但不抽烟也不是什么值得骄傲的事，就又开始抽了。抽得狠了，败坏了舌头、肠胃，就停一段时间。等身体恢复后又开始抽。在家常抽的牌子是朝日。不知道价钱，但应该不贵。妻子老买这种烟放在家里，所以我经常抽。我只在外出需要抽烟时买敷岛，因为敷岛卖一角钱，扔一枚银币给店家，连零钱都不用找，十分方便。至于敷岛和朝日哪个好抽，我就不知道了。

和普通人一样，我也对房子感兴趣。前几天去麻布①的古董店闲逛，回家时路过一片住宅，就观察了几栋显眼的房子，给每栋都打了分。我并未把造房子当成人生理想。但要是有了钱，也想建一栋自己的房子。不过看样子，短期内是建不成的。如果要问我想建什么样的房子，我也没仔细考虑过。

现在住的房子约莫七个房间，光我自己就占了两间，再加上家里有六个孩子，所以并不宽敞。房租每月三十五日元，房东考虑到市价，要我对外宣称是四十日元。但我认为这种事没有撒谎的必要，就很老实地告诉别人是三十五日元。房东大概

---

① 地名，位于日本东京都港区西部。此处高级住宅和外国使馆居多。

会生气。占地面积有三百坪①，院子不算小，但里面的植物都是自己种的。一栋房子倘若附带了这样一个院子，三十五元或四十元的月租大概是租不到的。花木店都是一帮不懂规矩的家伙，拜托他们打理过一次院子后，偶尔便带着年轻的学徒工不请自来，甚至有时候顶多一个多月就又会来这儿嘭嘭嘭地干活儿。我想叫他们别来也有点奇怪，就随他们去了。但这一项却平白花了不少钱。

我喜欢更明亮的屋子，也想住进更漂亮的屋子。我书房的墙壁起了皮，天花板上有漏雨留下的污渍，污秽不堪。但确实也不会有人专门来我家欣赏天花板，就由它去了。地板是木质地板，没有铺榻榻米。风会从木板的缝隙吹进来，一到冬天便冻得让人受不了。室内采光也不好。坐在这里读书写字是一种煎熬。但若开始在意这些，便会没完没了地挑剔生活，所以也随它去了。前几天，某人来我家做客，建议我在天花板上贴纸，被我谢绝了。我并非因为喜欢才住进这栋昏暗、肮脏的房子，实在是迫不得已。

我对娱乐一类的东西没有什么特殊要求。不会打台球，也不会下围棋、象棋。最近出于某些机缘，倒是看了几出戏。但没有一出叫我看了心服口服的，自然也不觉得有趣，音乐也一样。好的西洋乐另当别论，但我至今都未听到过所谓好的西洋乐，所以从未产生过见到好字画时的那种心情。日本音乐就更

---

① 日本度量衡的面积单位，1坪约等于3.306平方米。

加无趣了，我只会唱唱谣曲①。我前后学习了六七年谣曲，因为懒惰，并未学出什么名堂。流派属于宝生流②，师从宝生新③。不过，我并非出于对艺术的追求学习谣曲，一半的目的只是为了锻炼身体。

我只在书画方面多少有点自信。虽然谈不上有多深的造诣，但只有在看到好字画时，才会发自内心地感到佩服。偶尔也有人向我讨字，我的字无门无派，全是自己琢磨的，没有专门学习过，自己看了都觉得羞愧。喜欢古董，但不是所谓的古董玩家。首先经济条件不允许，因为我只收集自己买得起的东西，所以压根不具备专业知识。古董的产地、时价，此类知识我是一概不了解的。相反，若是不合心意的物件，即便价值好几万日元，我也不会多看一眼。

窗明几净，此为我所欲。爱好闲适，梦想佝偻着身子、两手揣在怀里悠闲地生活。喜欢明亮、温暖的地方。

性格偏敏感，容易对事物产生过激的情绪。这一点挺让我伤脑筋的。话虽如此，也有感觉迟钝的一面。之所以感觉迟钝，并不是因为拥有强大的意志力足以抑制情感，而是因为精神的某处确实对外界刺激反应迟钝。

爱憎分明。身边的物件里，有许多中意的，也有许多讨厌

---

① 能乐中的唱段和相当于念白的台词。
② 日本能乐配角的一个流派，也称为下卦宝生流，简称"下宝生"等。
③ 宝生新，日本能乐师，专演配角。下宝生第十代宗师，生于东京。现代有名配角，唱功和舞姿均出色。

的。人也一样，我会因为措辞、态度、工作方式而喜欢一个人，也会因为同样的理由讨厌一个人。近期应该有机会写一篇文章，谈谈我的喜好。

平时早上七点多起床，晚上十一点左右睡觉。有时会在午饭后打一个小时的盹儿，午睡对恢复精力很有帮助。喜欢待在家里，很少出门，有时也会散步。偶尔也有因为日常琐事不得不出门的时候。也会拜访他人，但新年和盂兰盆节时绝对不会四处串门，亦觉得没有串门的必要。

写作的时间不固定，有时在早上，有时在下午或晚上。每天写一章报纸上的小说。一次性写太多的话，无法保证小说质量。一天写一章，随后便停笔，让头脑好好休息，明天接着再写，如此才写得好。我的写法不是一气呵成式的，写一章大概要花三四个小时。然而有时从早写到晚，也未必能写完一章。如果默认时间充裕，就免不了拖沓。相反，若是限定只在上午有余暇，反而能在有限的时间内完成。

在透过隔扇照进来的阳光里写作是最惬意不过的，但这房子无法满足我这个愿望。有时，我会把桌子搬到能晒到太阳的檐廊处，写作时，从头顶到脚趾都沐浴在阳光里。倘若天气太热，就戴上麦秸编的草帽。这样写作，效率似乎更高。我就是喜欢明亮的地方。

写作用的稿纸是十九字十行的格子纸。纸张轮廓是桥口五叶君①画的，画好后送到春阳堂印制。之所以每行留十九个空

---

① 日本大正时期著名的画家。

格，是因为制作这种稿纸时，报纸的排版便是每行十九个字。最开始用金色的 G 笔①写稿，大概用了五六年。后来改用钢笔，现在用的奥诺托是第二支钢笔。之所以用这支笔，并非因为觉得好用，而是丸善的内田鲁庵君恰好送了我这支笔，就顺理成章用到现在了。我从未用过毛笔写稿子。

---

① 蘸水笔的一种，跟钢笔长得很像。因笔头镂空处是个 G 字，故称 G 笔。

我的个人主义①

　　今天是我第一次走进学习院。在此之前，我虽然想象过学习院大概是这副模样，对于具体情况却一概不知。

　　如方才冈田先生介绍我时略微提到的那样，他曾在今年春天邀请我来演讲。但当时好像有什么事情绊住了我，冈田先生的记忆力似乎比我本人要好，刚才为了给大家一个交代，也做了相关说明。总之当时，我不得不拒绝了冈田先生的邀请。但我也知道，直接拒绝先生的请求过于失礼，于是向他保证，下次一定参加。当时，我为了慎重起见，询问过他下次演讲的时间，冈田先生回答说是今年十月。我在心里大致计算了一下春天到十月份的天数，心想有这么长的时间，足够做准备了，于是便一口应承了下来。然而不知是幸还是不幸，我竟然生了病，整个九月份都卧病在床。不知不觉间，约好的十月份到了。十月份时虽已不需要卧床休养，但不管怎么说，身体还很虚弱，站着尚且晃晃悠悠，更别说演讲了。可约好的事情也不能不作

---

① 本文为大正三年（1914）十一月二十五日作者于学习院辅仁会上的演讲稿。

数，心里担心着——冈田先生就要传话来了，冈田先生就要传话来了，惶惶不可终日。

不久后，我的身体痊愈了。然而到十月末为止，我没有收到任何指令。当然，我并没有把生病的事告诉冈田先生，但这消息曾经出现在两三家报纸上。或许对方察觉到了我的身体情况，便邀请了别人代为演讲。想到这里，我便放下心来。岂料就在此时，冈田先生突然大驾光临，还特意穿了长靴（不过，也有可能是因为那天下雨的关系）。他打扮成那副样子，进到早稻田里面，开口第一句话就是："演讲推迟到十一月末了，所以还是想请你按照约定过来演讲。"我原以为自己已经摆脱了责任，猛然听见这话，老实说，有点吃惊。但转念一想，还有一个月的时间，总能准备好的。于是就又一口答应了下来。

故此，从今年春天到十月份，再从十月末到十一月二十五日，其间我有大量的时间，足以准备出一篇完整的演讲稿。但不知怎的，总觉得心情欠佳，一考虑这事儿就烦得不得了。于是又开始安慰自己，十一月二十五号之前一定能想到办法。随后便在拖延中稀里糊涂地度过了一天又一天。终于，离演讲只剩两三天了，此时，我才稍微意识到自己必须要思考点什么。但思考毕竟不是件令人愉快的事，最后便改用画画消磨时间。这种说法听上去也许显得我画技高超，但实际上，我画的都是些不值一提的东西。我把画好的画贴在墙壁上，一个人心不在焉地看了两三天。大概是在昨天吧，有个人来我家，说这幅画太有趣了。——不，原话不是这样的。他说的是这幅画一看就是画画的人怀着一种有趣的心情画下来的。紧接着，我告诉这个男人，我不是因为心情愉快才画了这幅画，恰恰相反，是因为心情欠佳才画的。在这个世上，有人会将难以抑制的愉悦心情借由绘画、书法、文章表达出来。同样，也有一些人原本心情就不好，想通过提笔作画、写诗作文的方式让自己高兴一点儿。然而，不可思议的是，这两种截然不同的心理状态展示出的成果，多数情况下并没有什么不同。这个话题只是我临时想到的，与今天的演讲无关，故不在此做深入的探究。总之，我每天只顾看那幅奇怪的画，完全没有考虑演讲的内容。

没过几天，二十五号终于还是到来了。不管我愿不愿意，今天也必须在这儿露露脸。因此早上的时候，我稍微将自己的思考整理了一下，但终归还是准备得不够充分。我大概很难做一场让各位感到非常满意的演讲，还请大家做好心理准备，多多包涵。

我并不知道辅仁会是从哪一年开始的。每次集会，各位都会请一些外人过来做演讲。作为一般惯例，我并不觉得这种做法有什么不妥。但是，换个角度来看，我认为无论各位从什么地方拉来了怎样的人，你们寄予如此厚望的有趣演讲也并不能轻易实现。各位大概只是觉得"外来的和尚好念经"吧。

我曾经听落语家说过这么一个相当讽刺的故事。很久以前，两位大名①带着训练好的猎鹰去目黑附近狩猎。大名们东奔西跑

---

① 日本古时对领主的称呼。名主指某些土地或庄园的领主，土地较多、庄园较大的就是大名主，简称大名。

了一天，感觉饥肠辘辘。但不巧的是，那天并没有准备便当，随从也和他们走散了，无法拿来充饥的干粮。万般无奈之下，两人只好跑进不远处一户肮脏的农家，对主人说："给我们点儿吃的，什么都行。"农家的老爷爷和老奶奶可怜他们，就把家里现有的秋刀鱼烤了，配上麦饭请两人吃。两人就着秋刀鱼，津津有味地吃完了饭，之后便离开了。然而到了第二天，两人仍旧感到昨天的烤秋刀鱼香味扑鼻，无论如何也忘不掉那个滋味。于是，两人中的一个决定请另一个吃秋刀鱼。接到命令后，仆人感到十分惊讶，但又不能违抗主命，便命令厨师用镊子将秋刀鱼的小刺一根一根地拔出，用料酒或别的什么调味料腌制好鱼肉，烤得恰到好处后，呈给主客二人。然而这次，吃饭的人肚子并不饿，并且，过于细致的烹饪方法反而使秋刀鱼丧失了原味。两人戳了几筷子便不动了，这道奇怪的菜一点儿也不好吃。于是两人面面相觑，说了一句傻话——"秋刀鱼只有目黑的好吃"。这虽是落语结尾的精彩包袱，但在我看来，各位身处学习院这样的高等学府，与优秀的老师朝夕相处，却为了听像我这样的人的演讲，特意从春天等到秋末。这大概是因为大伙儿吃腻了山珍海味，想尝尝"目黑的秋刀鱼"了吧。

坐在台下的大森教授和我同年，抑或前后脚从大学毕业。这位大森教授曾同我抱怨，说最近的学生不知道怎么回事，总是不好好听讲，上课不认真，对老师也不够礼貌。我记得这个评价针对的不是在座各位，而是某间私立学校的学生。总之在当时，我对大森教授说了特别失礼的话。

此时此刻重复这句话也挺不好意思的。我当时说的是："哪国的学生会感恩戴德地听你这种人的课啊。"当然，当时的大森君或许并不理解我话中的深意，所以我想利用这个机会解释一下，以防他对我有所误会。我们念书时，与在座的各位差不多大，抑或比各位年长一些。那时的我们比今日的各位更加懒惰，老师的课，几乎从未好好听过。当然，我说的是我自己，还有我周围那帮家伙。上述评价或许并不适用于我们这个圈子以外的人。总之，现在的我回想起过去，总是会不由自主地产生那种感觉。当时的我，表面上看起来非常乖巧，实际上却是那种决不会认真听老师讲课的性格，整天无所事事、游手好闲。正因如此，当我看到现在这些认真踏实的学生时，怎么也无法像大森君那样，心中自发地产生攻击他们的勇气。出于这个原因，我无意间对大森教授说了不礼貌的话。今天虽然不是为了向大森君道歉专程来到这里，但择日不如撞日，我就在大家面前，向大森君赔罪了。

说着说着就跑题了，让我把话题拉回来，重新梳理一遍。总之，我想说的其实是这么回事儿。

你们考进了优秀的学校，终日受教于优秀的老师，每天听着这些老师或专业或一般的课，却还特意把像我这样的人从别处搜来，听我演讲。窃以为，这种行为就像刚才故事里的大名品尝目黑的秋刀鱼一般，本质是出于一种看见了新奇的东西，就想尝一口的心态。老实说，比起我这种人，与各位朝夕相处的老师们能说出对各位更加有益、更加有趣的话。即使我做了这所学校的教授，单凭没有新鲜刺激这一点，就不能聚集这么多人听我的演讲，各位也不会对我的演讲产生热情和好奇心，我说的对吗？

　　至于我为什么要做这样的假设，那是因为，我确实曾经想做学习院的老师。不过，那并非出于我本人的主动应聘，起因是当时在这所学校的熟人推荐了我。当时，我临近毕业，却不知道今后要做些什么养家糊口，每天过得稀里糊涂。但总归到了该出社会的时候，每天把手揣在怀里干等着，住宿费也不会凭空飞到口袋里。那种情况下，我已经没有时间考虑自己是否适合做一名教育工作者，总而言之，先找到栖身之所要紧。于是便听从这位熟人的建议，开始和这间学校接触。当时还有另一个男人和我一同竞争这个岗位。但我的熟人三番两次在我面前打了包票，所以我也就觉得自己已经是这里的老师了，甚至还向他打听老师的着装。熟人告诉我，老师上课时必须穿晨礼服，所以我就在事情还没定下来之前，定做了晨礼服。尽管当时，我连学习院在哪儿都不知道，真是够荒唐的。晨礼服是做好了，令人大跌眼镜的是，本以为十拿九稳的学习院竟然没有录用我。我那竞争对手填补了英文教师的空缺。那人的名字，我现在已经不记得了。大概是因为我心里并没有把这当回事儿吧。听说对方是从美国留学回来的。倘若当时，学习院并没有录用这位美归人士，而是歪打正着地让我做了老师，并且一直工作到现在，那么我大概就没有机会受到如此郑重的邀请，站在如此高的讲台上为各位演讲了。各位为了听我的演讲，从春天等到十一月，这种行为，换句话来说，恰好证明了没当上学习院老师的我，在你们眼中就像目黑的秋刀鱼一样，是没见过的稀罕玩意儿。

接下来，我想稍微讲一讲我落选学习院老师之后的经历。讲这些并非为了承接刚才的内容，而是因为这些经历是今日演讲的重要组成部分之一。请大家集中注意力。

我虽然没被学习院录用，却还一直穿着那件晨礼服。这么做完全是出于无奈，因为除了那件晨礼服之外，我并没有其他拿得出手的西服。各位猜猜，我穿着这件晨礼服去了哪儿？当时和现在不一样，找工作十分轻松，随便去哪儿都能找到不错的工作。因为在那个时候，社会对人才的需求远大于供给。即便是像我这样的人，也几乎在同一时间收到了高等学校和高等师范两所学校的邀请。我一方面半是允诺了帮我和高等学校牵线搭桥的前辈，另一方面又跟高等师范打了个不痛不痒的招呼，如此一来，事情就变得有些麻烦了。

原本我仗着自己年轻，认为即使有个别不细心、不周到之处也是人之常情。等到这种性格让自己吃了苦头的时候，后悔也来不及了。我确实被当时的情况搞得焦头烂额。高等学校的老资历教授，也就是我的那位前辈把我叫到他那里，谴责我说："你一边同我说要来这里，一边又和其他的学校商量好了，让我这个介绍人夹在中间左右为难。"我那时还年轻，且是个暴脾气，心想，干脆两边都不去总行了吧？于是着手相关手续。结果某一天，当时的高等学校校长，现在好像是京都理科大学校长的久原先生突然让我去一趟学校。我接到通知后就立刻出了门，过去一看，发现高等师范的校长嘉纳治五郎先生和帮我牵线搭桥的前辈也在场。前辈对我说："已经商量好了，你不用顾忌我，去高等师范吧。"当时那个情形我也不好拒绝，便答应了下来。心里却忍不住想，这事儿变麻烦了呀。现在回想起来还是觉得可惜。当时，我并没有那么看中高等师范的机会。和嘉纳先生初次见面时，我就对他说自己不可能像他那样，成为一名出色的教育者，做学生的楷模，因而颇有些犹豫不决。但嘉纳先生是个处世圆滑老到的人，他对我说："看到你如此坦诚地拒绝，我反而更想邀请你了。"坚决不让我脱身。如此这般，虽然我并非贪得无厌之人，丝毫没有脚踏两条船的想法，却还是在给相关人士添了不必要的麻烦之后，去了高等师范。

但是，因我原本就不具备成为一名伟大的教育工作者的资质，所以在高等师范时，总是缩手缩脚、诚惶诚恐。嘉纳先生也同我说过，你这人太实诚了，叫人为难。当时，我或许应该再厚脸皮一点。但不管怎么说，我都觉得这不是一个适合我的地方。说句心里话，那时的我就好像跑去点心铺帮忙的酒菜店学徒一样。

一年后，我终于调去了一所乡村中学。那所初中位于伊予的松山。各位听到松山中学后开始笑了，大概都看过我写的《哥儿》吧。《哥儿》中有一个绰号叫"红衬衫"的人，书刚出来那阵儿，经常有人问我"红衬衫"究竟是谁。还能是谁，当时在那所中学，被称作文学士的只有我一个人。倘若我承认

《哥儿》里的人物都是真实存在的，就等于变相承认"红衬衫"是我本人——真叫人不胜感激。

我在松山也只待了一年。离开时，知事①曾挽留我。但因为我已经跟那边的单位私下约好了，便拒绝了他的好意，离开了松山。离开松山后，我在熊本的高等学校落了脚。我就这样从初中一路教到了高等学校，再从高等学校教到了大学。在我的教师生涯中，唯独没踏足过小学和女子学校。

我在熊本待了很长时间。不记得过了几年，文部省突然找我密谈，问我想不想去英国留学。当时，我本想拒绝。因为像我这样胸无大志、对未来没有目标的人，即使去了外国，也无法为国家做贡献。然而，负责转达文部省意见的教务主任却对我说："这是文部省的安排，你不需要评价自己，只管去。"我也没有非拒绝不可的理由，就遵照命令，去了英国。结果不出所料，我果然没做出什么像样的成绩。

为了今天演讲的主题，我不得不姑且讲一遍自己的经历。这些经历也是本次演讲的一部分，请大家带着这个想法，听我接下来讲的内容。

我念大学时，攻读的是英国文学。各位或许要问，何为英国文学。这个问题太难回答，就连读了三年英国文学的我也还是云里雾里、不甚明了。那时，我的老师是一个叫狄克森的人。我曾被这位老师逼迫，当着他的面，朗读诗歌、文章。有时因为作文少写了一个冠词被他斥责，有时因为发音错误惹得他大

---

① 统辖和代表日本都道府县的长官。

发雷霆。考试时他也净出这些题目：华兹华斯①的生卒年份是什么？莎士比亚的对开本有几种？按照时间顺序排列司各特的作品等。即使是像各位这样的年轻人也应该能想象出来。这难道就是所谓的英国文学吗？先不管英国文学，这样的课就连"什么是文学"也无法告诉我。既然如此，能否靠自学弄懂这个问题呢？实际情况简直就如睁眼瞎一般。无论我如何在图书馆流连彷徨，也无法找到解答问题的头绪。究其原因，一方面是因为我自身学力不够，另一方面大概是因为国内缺乏相关书籍。总之，我学习了三年，却连"文学是什么"都没搞懂就毕业了。我苦闷的源头可以说就在于此。

我以这种模棱两可的心态出了社会，当上了老师。不，与其说是当上了老师，不如说是被逼着做了老师。所幸，学习外语就是有这点好处，即使看起来不甚可靠，却总能找到借口搪塞过去。日子就这么一天一天过去，我的内心却时常感到空虚。若是空虚还好，偏偏有一种暧昧不明、欲断不断的不愉快潜藏在我内心各个角落，叫人难以忍受。另外，我对于自己的本职工作——教师，无法产生哪怕一星半点的兴趣。我虽从一开始就知道自己缺乏成为教育工作者的资质，但站在讲台上教授英语本就是件麻烦事儿，所以也不好抱怨什么。我始终弓着腰、弯着背，满脑子都是只要一有机会，便要转行去自己真正擅长的领域。可这所谓真正擅长的领域，也是虚无缥缈，似有若无，

---

① 华兹华斯，英国浪漫主义诗人，湖畔派的代表，1843 年被封为桂冠诗人。

我空有一身劲头，却不知该往哪个方向努力。

生而为人，必须有所作为。话虽如此，我对自己该做些什么却一点儿头绪都没有。我就像一个被困在雾中的孤独的人，因恐惧不敢动弹分毫。并且我认为，与其期待不知名的地方射进来的一缕阳光，不如自己提着探照灯照亮前方，哪怕只有一束微弱的亮光也是好的。然而不幸的是，无论我朝哪个方向眺望，都是混沌不明、朦胧一片。我感觉自己仿佛变成了一个被装在口袋里的人，无法从中逃脱。我的内心焦灼不安，但凡手中有一把锥子，便要把这口袋凿出一个洞。但不巧的是，并没有人给我递锥子，我自己也找不到这把锥子。只能在心底担忧着自己的前途，独自过着忧郁的生活。

我怀揣着这种不安从大学毕业，又带着同样的不安从松山搬到熊本。最终，把这份不安埋藏心底，远渡重洋。人一旦到了国外留学，心中必定多少能感受到新的责任。因此，我痛下决心，决定要竭尽所能，有所作为。然而，不论我读什么书，依然无法将自己从口袋中释放出来。哪怕我走遍伦敦的每个角落，似乎也找不到这把凿破口袋的锥子。我在公寓的房间里得出了结论：太无趣了。我意识到无论读多少书都无法填补我内心的空虚，遂决定放弃。同时，连我自己也开始不明白究竟是为了什么而读书了。

此时，我第一次悟出必须靠自己的力量从根本上厘清"文学是什么"这一概念，除此之外，没有其他自我救赎的方法。我终于意识到，迄今为止我完全以他人为中心，如同无根的浮萍一般，胡乱地漂来荡去，这样是行不通的。我这里的以他人为中心，是指让他人喝自己的酒，再听取对方的品评，以对方的评价决定是非好坏，即所谓的鹦鹉学舌。这样简单一说，听起来过于愚蠢。或许各位会产生怀疑，认为谁也不会像那样鹦鹉学舌。但事实绝非如此。最近流行的柏格森①和倭铿②就是如此，全都是西方的人乱说一通后，日本人便开始盲目学习，更别说那个时候了。那时只要听说是西方人发表的言论，大家便会盲目跟风、四处显摆。因此社会上胡乱用着片假名，以此扬扬自得，逢人便吹嘘的男人，可以说比比皆是。我并非在说别人的坏话，我自己曾经就是这样的人。比如，一读到某个西方人对另一个西方人的作品的评价，我们不会考虑这个评价是否正确，也不管自己是否理解，就胡乱地四处宣扬开来。这可以说是囫囵吞枣，也可以说是机械性的知识。总之，就是把无论如何也不能说成是自己的东西的他人之物，当成是自己的东西到处散播。然而时代便是如此，当时大家都称赞这种做法。

　　但是，无论被怎样称赞，因原本就是借别人的衣服摆架子，所以内心总是不安的，如同不费吹灰之力就将孔雀的羽毛披在身上耀武扬威一般。我开始意识到，如果不揿去浮华，变得真挚一些，那么我的内心将永远无法平静下来。

　　比如，即使西方人说这首诗很不错，语调十分优美，那也

---

① 柏格森，法国哲学家，1927 年诺贝尔文学奖获得者。
② 倭铿，即鲁道尔夫·欧肯，德国哲学家，1908 年诺贝尔文学奖获得者。

是西方人的看法。虽然并非不能成为我的参考，但只要我不认同，便无论如何不能拾人牙慧。我是一个独立的日本人，绝非英国人的奴婢，身为国民的一员，就必须具备这样的见识。并且，从重视世界共通的诚实这一道德准则来看，我也不能扭曲自己的意见。

但是，我的专业是英国文学。倘若英国本土的评论家与我的想法矛盾，我总会不自觉地感到胆怯。因此，必须思考这种矛盾究竟是从什么地方产生的。风俗、人情、习惯，追溯起来甚至连国民的性格都是这种矛盾的原因。普通的学者常常把文学和科学混为一谈，误认为其中包含着一种必然性，即国民甲喜欢的东西必然会得到国民乙的称赞。不得不说，这种看法是错误的。即使我们无法调和这种矛盾，也应当是可以说明的。并且，仅仅是说明便能够给日本文坛投下一束亮光。那时，我第一次悟出了这些。这份领悟来得太晚，叫我无比惭愧，但因为是事实，所以我也就一五一十地跟大家分享了。

然后，我为了巩固自己在文艺上的立足点，与其说是为了巩固，不如说是为了重塑，开始阅读与文艺毫无关系的书籍。简单来说，我终于开始思考"自我中心"这四个字，为了证明这个"自我中心"，我开始热衷于科学性的研究和哲学性的思索。现在时代不同了，稍微有些头脑的人应该很快就能明白这方面的知识，但在那个时候，我还很稚嫩，并且社会也没进步到现在这个程度。所以，我的做法实际上是不得已而为之。

手握"自我中心"这句话之后，我开始变得十分强大。生出一种"他们算什么东西"的气概。指引曾经茫然自失的我，告诉我必须沿着这条路往前走的，正是"自我中心"这四个字。

坦白来说，我从这四个字上找到了重新出发的方向。像现在这样跟在别人后头拾人牙慧、盲目跟风，实在让人心中不安。因此，倘若我在他们面前漂亮地抛出一个无可撼动的理由，告诉他们不用跟风西方人，那么我自己一定会觉得愉快，别人一定也会高兴。于是我决定以著书或别的手段来实现这一点，并以此作为我毕生的事业。

那时，我的不安完全消失了。我以一种轻快的心情眺望着阴郁的伦敦。打个比方来说，这感觉就好像在我烦恼多年后，用丁字镐一下子掘出了矿脉一般。换句话说，就好像一个一直被困在迷雾中的人，被明确告知在某一个方向上，有他必须前行的道路一般。

我获得以上启发时，已经留学一年多了。因此，我无法在国外完成我的事业，唯有尽可能多地收集材料，准备回国后再好好地整理。也就是说，我并不是在去国外的时候，而是在回来的时候得到了某种力量，尽管这份力量来得很偶然。

然而回国后不久，我便立刻背上了为衣食奔走的义务。我去了高等学校教书，也去了大学教书。后来又因为缺钱，去了一家私立学校工作。加之我又患上了神经衰弱，最后竟沦落到不得不在杂志刊登一些无聊文章的境地。出于各种各样的原因，我在半途中止了我所企划的事业。我写的文学论与其说是对它的纪念，不如说是失败的残骸，并且是畸形的残骸。又或者说，它就像一座还没来得及建好就在地震中倒塌的城镇的残骸一般。

但是，那时我掌握的"自我中心"这一思想依然存在。不，它随着岁月的流逝变得愈加强大。作为著作性事业来说，它失败了。但那时我切切实实握在手中的"以自己为主，以他人为宾"的信念给今日的我带来了充分的自信和十足的安全感。作为这一信念的延续，它使我觉得现在依然能活下去。事实上，我之所以能站在如此高的讲台上，面对诸君发表演讲，或许也是拜这股力量所赐。

刚才我只是粗略地讲了一下我的经历。之所以讲这些，完全是出于一番好意，希望能作为各位的参考。各位将来都会离开学校，走上社会。有的人或许晚一点儿；有的人或许很快就要进入现实社会，开始工作。不管是哪种情况，我都认为你们很可能会重复一遍我经历过的烦恼（即便烦恼的类别不同）。我想，应该有人会像我一样想走出某条通道却怎么也走不出，想抓住什么，抓住的却是光溜溜的墙壁，有劲使不出，徒然地感到焦虑。倘若你们中有人已经凭借自身的力量开辟出了道路，那自然不是我说的这种人。另外，我绝对不是说跟在别人后面，走原有的老路，并为此感到满足的人一定是不好的（前提是安全感和自信心一直伴随着你）。倘若并非如此，那便无论如何都要走到能用丁字镐凿出方向的地方。之所以说必须这么做，是因为如果无法凿出那个方向，那么此人的一生将永远不会快乐。他会一辈子弓着腰、弯着背，惊慌失措，无所适从。我之所以极力主张这一点，完全是出于这个原因。我绝没有让各位什么都以我为榜样的想法。连我这种不成器的人，都能意识到要靠自己的力量无所顾忌地走出自己的路。不论在你们眼中，这条路设计得多么无意义，那都是你们自身的评价和观察，对我本人不会有丝毫损害，我自身对这条路是满意的。然而，我决不会因为自己从中获得了自信和安全感，就认为同样的路适合你们每一个人。请不要误会。

　　总而言之，我认为我经历过的烦恼也会一而再再而三地出现在各位的生活中。各位觉得如何呢？倘若果真如此，对做学问的人、受教育的人，作为其一生的事业，或者十年二十年的事业来说，难道不需要一种撞了南墙也不回头的精神吗？啊，这里有我必须要走的路！终于找到了！只有当你发自内心地喊出这些感叹词时，你才能感到心安吧。坚不可摧的自信也会伴随着那些呐喊从心底油然升起，使你昂首挺胸。或许你们中的多数已达到了这种境界，但倘若有人正在为途中的迷雾或烟霭懊恼不已，我建议无论付出怎样的代价，也要走到能够找到方向的地方。我说这些并非仅仅为了国家，也并非为了各位的家人。之所以说这些，是因为我认为这些道理与各位自身的幸福息息相关。如果各位已走完我走过的路，那么可以无视我的话。但是如果各位在某个不知名的角落还怀有郁结，那么一定要不断前进，直至将这郁结疏解。不过，说是要前进，也不知道该怎么前进。这个时候就需要往能撞到什么东西的方向走，除此之外别无他法。我完全没有将大道理强加于各位的想法，但一想到这些在将来或许会成为各位的一种幸福，我就无法保持沉默。之所以说这些，是因为想到一旦心中怀有一种欲断不断、暧昧不明、宛如海参一般优柔寡断的态度，过得浑浑噩噩，各位自己大概也会觉得不愉快。倘若你说并没有不愉快，那自然皆大欢喜。或者你说正在克服这种不愉快，也没有问题。我衷心地希望各位能克服这种不愉快。而我这个人走出校园后，直至年过三十也没能克服这种痛苦。这种痛自然是一种隐痛，却是一种年年岁岁都能感觉到的疼痛。因此，倘若你们中有谁罹患了跟我一样的疾病，我希望你们能勇猛刚毅地向前走。倘若你们走到那里，发现那便是安身之地，那么你们将收获一生的安全感和自信。我正是考虑到这一点，才对各位说了这些。

刚才我讲的内容是今天演讲的第一部分，接下来我将进入第二部分。社会上普遍认为，能进入学习院学习的，都是有身份地位的人。并且，这大概是事实。如果我的推断不错，这里并没有几个寒门百姓，甚至可以说全都是上流社会的子弟，那么今后伴随各位左右的事物里，第一个会被提起的必然是权力。换言之，你们出社会后，会比平民百姓更容易使用权力。刚才所说的，从事一份工作，走到能够挖掘出什么的地方，是为了各位能够收获幸福、收获安心。为什么说那么做能带来安心和幸福呢？那是因为，只有当各位与生俱来的个性与之发生碰撞时，你们才会变得沉着冷静。倘若你们在此处安身，并不断地向前行走，你们的个性也会不断地发展。只有当你们的工作与你们的个性严丝合缝地匹配在一起时，你们才能说："啊，这里有我的容身之处。"

在同等意义的基础上，我们来思考一下刚才提到的权力。所谓权力，是一种将刚才所说的自己的个性强加于他人之上的工具。一口断定是工具或许不太中听，也可以说是能够使用这种工具的利器。

仅次于权力的是财力。比起平民百姓，各位一定拥有更多的财力。以同样的角度看财力，它就会变成为了普及自己的个性、作为诱惑他人的工具而使用的极其宝贵的武器。

因此，权力和财力能使各位比穷人更容易将自己的个性强加于他人，或者将他人引诱至自己感兴趣的领域。从这一点来看，不得不说权力和财力是十分便利的工具。拥有这种能力，表面上看起来风光无限，实际上却极度危险。刚才我提到的个性，主要是指找到一个自己的安身之所后，才能发展学问、文艺、兴趣等。事实上，它的应用范围是非常广泛的，并不局限于学问、艺术等方面。我认识一对兄弟，弟弟喜欢宅居家中阅读书籍；与他相反，哥哥热衷于钓鱼。哥哥认为弟弟过于内向，成日闷在家里甚是无趣。最后得出结论：弟弟之所以变得如此厌世，是因为不钓鱼。于是便打算硬拉着弟弟去钓鱼。弟弟对此非常不满，但哥哥总是以高压的态度命令他扛鱼竿、提鱼篮、一起去付费的钓鱼处，弟弟只好两眼一闭跟着去，钓一些让他觉得恶心的鲫鱼或别的什么鱼，然后老大不情愿地回家。弟弟的性情是否如哥哥计划的那样，因为钓鱼而发生了改变呢？事实是并没有什么改变，反而愈加激发了弟弟对钓鱼的反感。简而言之，钓鱼或许与哥哥的个性十分匹配，严丝合缝，但那说到底也是哥哥的个性，与弟弟毫不相干。这个例子当然与财力没有关系，但可以看成是用权力向他人施压的案例。因为哥哥的个性压迫了弟弟，强迫他去钓鱼。不过在某些情况下，例如上课、当兵的时候，或者虽然住在宿舍里却以军队生活为主时，以上所有场景里，高压性的手段都是避免不了的。但是，我主要谈论的是各位成长为独立的大人后，进入社会时遇到的情况。所以请各位以此为前提，听我接下来的内容。

如前所述，当我们幸运地遇到了自己觉得好的、喜欢的、与自己的个性相匹配的事物时，我们便会任由自己的个性发展。在这个过程中，很容易忘记自我与他人的区别，产生要把那家伙也拉入我的阵营的想法。此时，倘若你拥有权力，便会演变成像刚才那对兄弟一样奇怪的关系。倘若你拥有财力，便会四处散财，试图将他人培养成跟你一样的人。即以金钱作为诱饵，诱使他人变成你喜欢的模样。无论哪种情况，都会引发巨大的危险。

因此，我时常这样思考。首先，各位应该栖身于一个能发展自身个性的地方。在找到与自身相匹配的工作前，千万不可放弃，否则将造成一生的不幸。但是，倘若我们的个性得到了尊重，被社会所认可，那么相应地，我们也要认可他人的个性，尊重他们的倾向，这是理所当然的。在我看来，这种态度是必要的，而且是正确的。因为自己天性喜欢向右，便觉得向左的人岂有此理，这难道不是没有礼貌的行为吗？不过，一旦涉及成分复杂的善恶或正邪的问题，倘若不借助一点深刻的剖析能力，是不好下定论的。然而，如果在不牵涉此类问题，或者即使牵涉也并不复杂的情况下，只要自己从别人那里享受了自由，就应该给予他人同等程度的自由，坚信自己与他人必须得到同等的对待，除此之外别无他法。

最近，人们提倡"自我""自觉"，这几个词仿佛变成了纵容自己胡作非为的免罪金牌。其中存在许多可疑之处，他们一方面说要坚定地尊重自己的自我，另一方面却丝毫不认可他人的自我。我坚信一个人只要具备公正的眼光和正义的理念，他就必然会在为了自身幸福发展个性的同时，给予他人同等的自由。倘若我们没有充分的理由，就不应该为了自身幸福随意发展自己的个性而妨碍他人。为什么我在这里用妨碍这个词呢？因为你们中的许多人，将来所处的地位将赋予你们堂堂正正妨碍别人的能力。你们当中能够使用并且能够动用财力的人，就更多了。

老实说，世上不存在没有附加义务的权利。好比我现在，站在高台之上俯视各位，让各位安安静静地花一个小时、两个小时的时间听我演讲。我既然拥有了这样的权利，就必须说出足以让各位保持安静的大道理。退一万步说，即使我的演讲很普通，我的态度和举止也必须保持得体，足以使各位正襟危坐。但我是客人，各位是主人，也并非不能说各位是冲着这一点才给我面子，不得不保持安静。这是仅停留于表面的礼节，与思想没有任何关系，可以说类似于一种陈规旧习，完全无法拿来讨论。另外举个例子，各位在教室时，应该偶尔会有被老师责骂的时候。但是，倘若世上有一位老师只知道一个劲儿地责骂学生，那么这位老师当然不具备传道授业的资格。老师责骂学生的同时，必定也会费尽心机教授知识。因为拥有责骂学生权利的老师，相应地，也应该承担教书育人的义务。老师为了端正纪律、维持秩序充分行使了被赋予的权利，同时也就必须履行与权利密不可分的义务，否则就不算尽到了教师的本分。①

　　财力也一样。在我看来，不懂承担责任的有钱人，是不应该存在于世上的。简单来说，理由如下：金钱这东西是极其珍贵的宝物，能够自由自在地流通于各行各业。比如我在这儿靠投机倒把赚了十万日元，我可以用这十万日元盖房子，也可以用来买书，还可以拿来赈济花柳界。也就是说，金钱可以变成任何形态，它也可以变成收买人类思想的手段，这难道不可怕吗？换言之，你可以通过挥霍钱财，将人的道德心整个买下，即金钱会变成使人灵魂堕落的工具。如果投机倒把赚来的钱财能在道德、伦理上施加强大的压力，那就不得不说是一种不当使用。虽说是不当使用，但倘若金钱就是按照以上方式流通的，我们也无可奈何。唯有祈求金钱的所有者具备一定的道德观念，能够在不危害道德的情况下熟练使用金钱。除此之外，并无其他阻止人心腐败的方法。因此我想说，钱财的流通必然是需要伴随着责任的。金钱用在这个方面会出现这样的结果，以那种方式用在那种领域会造成那种影响，我们不仅要培养出理解此

①　作者想表达的主题是"权力"和"财力"，但又提到了"权利"与"义务"，此处根据中文语法进行修改，后同。

类现象的见识，还要依据这种见识，负责任地处置自己的财富。否则，即便我们坐拥如此多的财富，也依然愧对社会，不，甚至可以说是愧对自己。

概括一下我上面所说的论点：第一，如果想充分发展自身个性，就必须同时尊重他人的个性；第二，如果想使用自身拥有的权力，就必须理解与权利共存的义务；第三，如果想展示自身的财力，就必须重视与之相伴相生的责任。总而言之，可以归纳为这三点。

换句话来说，假如一个人在道德上不具备一定的修养，那么他便没有发展个性的价值，没有使用权力的价值，亦没有动用财力的价值。再换一种说法，要想自由地享受这三者，就不得不受这三者背后所必须具备的优良人格的约束。没有优良人格的人一旦起了胡乱发展个性的念头，就必然会妨碍他人：试图使用权力，则免不了滥用权力；试图动用财力，则会招致社会的腐败——最终带来异常危险的结果。并且，因为这三样东西是各位将来最容易接触到的，所以在那之前，各位无论如何都必须成为一个具有独特人格的、出色的人。

接下来的内容稍微有点离题。各位都知道，英国这个国家是非常尊重自由的。尽管这个国家如此热爱自由，但世界上并没有任何一个国家比它更加秩序井然。说句老实话，我并不喜欢英国。虽然讨厌这个国家，但因为是事实，我不得不说，那样自由而且井然有序的国家在这个世界上恐怕找不出第二个。日本等国家根本无法与之相提并论。然而，他们并非只提倡自由，他们从小便接受了良好的社会教育，认为人在热爱自身自由的同时也要尊重他人的自由。因此，他们的自由背后必然伴随着义务这一观念。纳尔逊的名言——"England expects that every man will do his duty!"① ——绝非只有表面的含义，其中必然蕴含与他们的自由互为表里、经过长期发展后积累了深厚根基的思想。

英国人如果遇到不公正的事，一定会举行示威活动。然而政府绝不会横加干涉，而是保持沉默、放任不管。相对应地，举行示威活动的人也很有默契，他们亦不会胡乱地引发暴乱，给政府添麻烦。最近，倒是可以在报纸上看到所谓的女权扩张论者举止粗暴、行为野蛮的新闻，但那是例外。如果这例外发生的次数过多，也就不能称之为例外了。但以目前的情况来看，似乎只能看作是例外。嫁不出去啦，找不到工作啦，又或者乘机利用自古以来养成的尊重女性的风气，总之这些似乎不像英国人平时的态度。损毁名画、在狱中绝食给狱警添麻烦、把身体绑在议会的长椅上、故意大声喧哗等，这些虽是意外现象，但或许对方正是仗着无论女人做什么男人都会忍让这一点在胡作非为。然而无论原因是什么，总给人一种不正常的感觉。一般所说的英国风度，是正如刚才所说的，在不脱离义务这一观念的基础上热爱自由。

我并没有事事拿英国做榜样的意思，但是归根结底，我认

① 译为"英国期盼每个人都恪尽职守"。这是英国海军名将霍雷肖·纳尔逊的名言。

为，不具备义务的自由并非真正的自由。之所以这么说，是因为像这般毫无约束的自由绝不能存在于社会中。退一万步说，即使存在，也一定会立刻遭到他人的排斥，进而被毁灭。我发自内心地希望各位获得自由。与此同时，我也非常想让各位理解何为义务。在这层意义上，我并不惧怕公开表明自己是个人主义者。

各位切不可错误理解"个人主义"的意思。尤其是像你们这样的年轻人，倘若给你们灌输了错误的理解，那便是我的罪过。所以希望各位特别注意这一点。时间有限，我尽量以简明扼要的方式说明。个人的自由对于刚刚提到的个性发展是极其必要的，而个性的发展又与各位的幸福密不可分。因此，只要不影响他人，我们就必须抓住那种"我可以向左，你也可以向右"的自由，并将这自由也赋予他人。这便是我所说的个人主义。财力和权力这方面也是如此，因为这人我不喜欢，所以就要将其抹杀；因为这人我看不顺眼，所以就要把他干掉。别人并未做什么坏事，我们却要滥用财力与权力，一旦这么做，会造成什么后果？人的个性必然被全面破坏，人的不幸也必然由此而生。比如，我明明没有任何不轨行为，只是因为不受政府待见，警视总监就命令警察将我家团团围住，这算怎么回事儿？警视总监或许拥有这么做的权力，但道义并不会允许他使用这项权力。又比如，叫三井或者叫岩崎的富商仅仅因为讨厌我，就收买了我家的仆人，指使他们事事与我作对，这又算怎么回事儿呢？假如他们的财力背后多少具备一点人格的话，他们绝不会试图做出如此无法无天的事。

之所以会造成这样的恶果，都是因为人们无法理解道义层面的个人主义。这种行为不外乎是一种想借助权力或者财力，将自我推广给普罗大众的任性。因此个人主义，我在这里所说的个人主义，绝非像庸俗之人想的那样，是一种会给国家带来危害的思想。我理解的个人主义，是指尊重他人存在的同时，也尊重自己的存在。因此，我认为的个人主义是一种优秀的主义。

说得再简单明了一点，它是一种去除了党派观念、具备是非观的主义，指的是不拉帮结派，为了权力或财力盲从他人。因此，个人主义的背后潜藏着不为人知的寂寞。既然不从属于任何一个团体，那么我只要随心所欲地走我自己该走的路，同时，不妨碍别人走他该走的路就行了。但也因为如此，在某些时刻、某些场合，人们不得不四散各处，各走各的路。这一点是很伤感的。我曾负责过《朝日新闻》的文艺专栏，那时，不记得谁曾经写过三宅雪岭先生的坏话，当然不是人身攻击，只是批评而已，并且只有两三行。那时我虽是负责人，但似乎生了病或者正在病中，抑或是没有生病，可能是我判断登出来也没有关系。总而言之，这段批评被刊登在了《朝日新闻》的文艺专栏上。于是，《日本及日本人》① 的那帮家伙就生气了。虽然没有找我直接交涉，但对当时在我手下工作的一个男人提出了撤销批评的要求。那也不是雪岭先生本人的要求，是先生的

---

① 《日本及日本人》，日本的一本文学杂志。

手下（"手下"这个词总给人一种赌场混子的感觉，有点奇怪），总之，就是所谓的与先生志趣相投的人吧。那些人要求无论如何都必须撤掉评论。倘若这是与事实真假相关的问题，那么理应撤掉，然而是批评就另当别论了，我只能说这是我方的自由。并且，要求撤销评论的《日本及日本人》的那伙人里，还存在一小撮每期都要写文章骂我的人。正因如此，他们的要求就更加令人震惊。虽然对方并未直接找我谈判，但从别人那里听说此事时，我还是觉得古怪。之所以这么觉得，皆因我的做法是以个人主义为基准，而他们反倒给人以党派主义的感觉。当时，我甚至会将那些批判我作品的文章，刊登在我负责的文艺专栏上。他们那些所谓的志同道合的人士，居然会为这仅有一次的对雪岭先生的批评而感到不满且心生怨怼，这使我感到惊讶，也让我觉得奇怪。我认为此种做法不但不礼貌，而且过时。他们就像一群封建时代的人。然而如此思考完之后，我终究还是陷入了一种难以摆脱的寂寞之中。我认为无论多么亲近的关系都无法左右意见的分歧。因此，我虽然会给出入我家的年轻人提供建议，但只要没有其他重要原因，决不会阻止他们发表意见。我如此地尊重他人的存在，换句话来说，我愿意给予他人这样的自由。只要对方不乐意，无论这事儿使我感到多么屈辱，我都不会请求他人帮我说话，这就是个人主义的寂寞。个人主义在决定追随或背弃某人之前，便会明辨好是非，决定好去留。所以在某些情况下，会使人变得形单影只，让人觉得无依无靠。这也并不奇怪，因为即便是用作柴火的杂木，只要被捆成一束，也会觉得心里有底气。

接下来，为了防止另一个误会，我还要多说一句。大家不知道为什么，总觉得坚持个人主义就等于反对国家主义，所以恨不得将个人主义打杀。事实上，两者的关系并非如此毫无逻辑、杂乱无章。总的来讲，我个人不太喜欢某某主义这种说法，我认为人无法被一种主义所定义。但今天为了向各位说明，我还是要勉为其难地在"主义"这个词语的基础上进行各种阐述。某些人四处鼓吹现今的日本倘若不坚持国家主义，便难以为继，他们也是这么想的。并且，还有不少人呼吁大家踩碎个人主义，否则将导致国家的灭亡。然而，这种愚蠢的推论绝不可能变成现实。事实上，我就是国家主义者兼世界主义者，同时也是个人主义者。

个人主义应当作为个人幸福的基础，因此它的主要内容一定是个人的自由。但是，每个人享有的自由度会随着国家的安危，时而上升，时而下降，就像温度计一样。这与其说是理论，不如说是依据事实得出的结论。换言之，自然状态下就是如此。国家危难时，个人的自由便会受限。国泰民安时，个人的自由便会扩张，这是理所当然的。倘若一个人有优良的品格，那么他就不会拎不清，在国家生死存亡之际还一个劲儿地只关心个性的发展。我所说的个人主义里，还包含一种忠告，这种忠告针对的是那些即使大火已经熄灭，还嚷嚷着说需要防火头巾、喜欢杞人忧天的人，请大家思考这一点。

接下来，我还要说个例子。从前我在高等学校时，学校曾经创立了某个协会。我对协会的名称和理念记得不太清楚了，大概记得是一个标榜国家主义的、颇为聒噪的协会。当然，并不是什么不好的协会。当时的校长——木下广次先生好像对该协会十分偏爱。协会成员都会在胸前佩戴徽章，我对佩戴徽章是抗拒的，却还是被迫成了协会一员。因我不是发起人，所以自然对协会的理念存在许多不同的看法，最终抱着加入也不会有什么损失的想法入了会。在该协会的成立仪式上，不知基于何种契机，一名成员站在讲台上发表了一通类似演讲的言论。虽然同为协会成员，那人的许多观点却与我的完全相左。我这才想起来，我在前不久似乎狠狠地批判了该协会的理念。然而等到成立大会时，我一听那个男人的演讲内容，才发现完全是针对我的观点的反驳。我不知道对方是不小心还是刻意为之，但当时的形势却迫使我不得不对此做出回应。出于无奈，我在那人之后登上了讲台。我想，我当时的态度、举止一定十分不得体。即便如此，我还是简短地表达了我的意见，随后退场。大家或许想知道我当时究竟说了些什么。实际上非常简单，我是这么说的："国家也许重要，但宛如被国家附体一般，从早到晚念叨着国家、国家，吾辈无论如何也做不到。"

起居坐卧之时只考虑国家大事的人也许存在，但人不可能每分每秒不间断地思考同一件事。卖豆腐的商贩走街串巷，绝不是为了国家，其根本目的是为了养家糊口。但是，不论当事人的出发点是什么，从结果上来看，他也为社会提供了必需的物资。在这点上此人或许间接地为国家做了贡献。举个同样的例子，今天中午我吃了三碗饭，晚上增加到了四碗。饭的增减一定不是为了国家，而是基于我的肠胃状况做出的改变。然而，此种行为却未必不会间接地对国家造成影响。不，换个角度，或许还可能对世界形势产生几分影响。但是，倘若我们逼迫当事人考虑家国大事，为了国家而吃饭，为了国家而洗脸，为了国家而上厕所，那就是强人所难了。大家如何推崇国家主义都没有关系，可若要将本不是事实的东西硬说成是为了国家，那就是谎言。我的答辩大致就是如此。

总的来说，国家这一组织一旦陷入危难之中，任谁也不会不考虑国家的安危。国家强大，便能免受战争之苦，并且，遭受外敌侵犯的危险性越小，我们就越应该淡化国家性观念。那么，个人主义进入其中，填补由此产生的空虚就是顺理成章的事。现今的日本并没有那么太平。国家不但贫穷，而且狭小，不知何时何地会发生怎样的意外。从这层意义来看，我们好像必须思考国家大事。但是，日本只要还没到生死存亡、命悬一线的境地，我们就没必要像这样吵嚷着国家、国家，乱作一团。这种行为，就像火灾还没发生，便穿戴好了防火的衣物，一边担心着虚妄的火灾，一边在城镇里跑来跑去一般。毕竟，此类问题事实上是程度问题，到了最终爆发战争之时，到了国家生死存亡之际，那些有头脑的人——那些具备忧国忧民的优良品格与修养的人，自然而然会偏向国家主义。即便要约束个人的自由，减少个人的活动，他们也会为国家鞠躬尽瘁。这些可以说是天经地义的。因此我相信，这两种主义万万不是那种一直相互矛盾、势同水火的关系。关于这一点，我还想说得详细一点，但时间有限，所以暂且说到这里。

今日承蒙盛情邀请，我得以来到这里。我尽可能地向各位说明了个人主义之于人生的必要性。皆因我认为在各位出社会之后，这些道理或许能提供一些参考。我不知道各位是否明白了我话中的含义。倘若我的演讲里有晦涩不明之处，那一定是因为我的表达方式不够完善或不够好。如果各位对我所说的话抱有疑问，请不要客气，来询问我吧。我会尽我所能地为大家解释，不用考虑我的时间合适与否。倘若各位无须花费这般工夫，轻而易举地便理解了我的本意，那么我将感到无比满足。耽误了各位太多时间，我的演讲到此结束。

附录一 夏目漱石年表

庆应三年（1867） 出生

2月9日 夏目漱石出生于江户牛迂马场下横町（即今东京都新宿区喜久井町），本名金之助。父亲名叫小兵卫直克，母亲名叫千枝，漱石是他们最小的孩子。他有四个哥哥，三个姐姐。他生下不久就被送去给一个旧家具店老板做养子，但很快又被带回老家来。

庆应四年/明治元年（1868） 1岁

11月 漱石成为四谷大宗寺门前（即今新宿二丁目）名主盐原昌之助（29岁）的养子。

明治二年（1869） 2岁

由于盐原昌之助调任，全家从新宿迁居浅草三间町。

明治五年（1872） 5岁

盐原昌之助被任命为第三大区十四小区副户长。在户籍册上，漱石成为盐原家的长子。

明治六年（1873）　6 岁

盐原昌之助调任第五大区五小区户长，全家移居浅草诹访町四号。

明治七年（1874）　7 岁

由于盐原昌之助与寡妇日根里胜发生关系，从此与夏目漱石养母不和，漱石此后一度与养母回到自己父母家，又一度与养母单独生活，最后与养父、日根里胜及其女儿阿莲住在一起。

12 月　进入浅草寿町公立户田学校初级小学第八级。

明治八年（1875）　8 岁

4 月　养父母离婚。

5 月　户田学校初级小学第八级、第七级结业。

明治九年（1876）　9 岁

2 月末　盐原昌之助被免职。

5 月　户田学校初级小学第四级结业。漱石回到自己父母家住，但保留盐原家户籍，并且转入市谷柳町公立市谷学校。

明治十一年（1878）　11 岁

2 月　《正成论》发表。

4 月　市谷学校高级小学第八级结业。不久转入神田猿乐町公立锦华学校。

大姐佐和去世。

10 月　锦华学校小学普通科二级后期毕业。

明治十二年（1879） 12 岁

3 月 升入东京府立第一中学。

明治十四年（1881） 14 岁

1 月 生母千枝去世。

从第一中学中途退学。转入鞠町私立二松学舍，学习汉学。

明治十五年（1882） 15 岁

热爱汉籍和小说，立志专攻文学。

明治十六年（1883） 16 岁

9 月 转入神田骏河台私立成立学舍，学习英语。这是漱石舍弃汉学，专攻西学的转机。

明治十七年（1884） 17 岁

住在小石川极乐水新福寺，过着自炊生活。

9 月 进入东京大学预备学校，入学不久患盲肠炎。

明治十八年（1885） 18 岁

住在神田猿乐町末富屋公寓。

明治十九年（1886） 19 岁

4 月 东京大学预备学校改称第一高级中学。

7 月 因患腹膜炎不能参加学年考试而留级，漱石自此以后立志努力学习，毕业前一直名列前茅。

9 月 兼任江东义塾教师，住在义塾宿舍。

明治二十年（1887） 20 岁

3 月 大哥大助去世。

| 8 月 | 二哥荣之助去世。游江岛，初登富士山。 |

明治二十一年 (1888) 21 岁

1 月	恢复姓氏夏目。
7 月	第一高中预科毕业。
9 月	升入第一高中本科英文科。

明治二十二年 (1889) 22 岁

1 月	结识正冈子规。当时同级生还有山田美妙，上级生有川上眉山、尾崎红叶等。
5 月	正冈子规写《七草集》，漱石撰文评论，第一次采用漱石这个笔名。
8 月	到房总半岛等地旅游。
9 月	写纪行汉诗文集《木屑录》。

明治二十三年 (1890) 23 岁

7 月	第一高中本科毕业。
8 月	到箱根旅游。
9 月	升入东京大学文学院英文科，成为文部省贷费生。

明治二十四年 (1891) 24 岁

| 7 月 | 成为东京大学文学院英文科特等生，二登富士山。 |
| 12 月 | 将《方丈记》译成英文。 |

明治二十五年 (1892) 25 岁

4 月	因征兵关系，名义上移籍于北海道后志国岩内郡。
5 月	担任东京专门学校讲师。
7 月	游京都、冈山、松山等地，结识高滨虚子。

明治二十六年（1893）　26 岁

　1 月　　　在文学谈话会上发表《英国诗人对天地山川之观念》的讲演。

　7 月　　　东京大学文学院英文科毕业，升入大学院。

　10 月　　担任东京高等师范学校英语教师。

明治二十七年（1894）　27 岁

　2 月　　　被诊断为初期肺结核，学习弓术。

　8 月　　　到松岛、湘南旅行。

　10 月　　住在小石川法藏院。

　12 月　　前往镰仓归源院参禅。

明治二十八年（1895）　28 岁

　4 月　　　辞去高等师范学校职务，到爱媛县立普通中学（松山中学）任教。

　9 月　　　受子规影响，热心写俳句，逐渐为俳坛所知。

　12 月　　回东京与贵族院书记长中根重一长女镜子订婚。

明治二十九年（1896）　29 岁

　4 月　　　离开松山中学，前往熊本，担任第五高中教师。

　6 月 9 日　和中根镜子结婚。

　8 月　　　偕镜子到北九州旅游。

明治三十年（1897）　30 岁

　6 月 29 日　生父小兵卫直克去世。

　7 月　　　偕镜子回东京参加父亲葬礼。

　　　　　　　镜子流产，前往镰仓别墅休养。

漱石在东京期间，多次探望子规病情。

9 月	只身回到熊本。
12 月	到小天温泉旅游，为《旅宿》积累了材料。

明治三十一年〔1898〕 31 岁

春天	热心写作汉诗，请长尾雨山修改。
夏天	在浅井荣熙指导下坐禅。教寺田寅彦等人作俳句。
秋天	镜子由于怀孕，精神病发作，一度投河自杀。
	漱石开始有神经衰弱的症状。

明治三十二年〔1899〕 32 岁

1 月	到宇佐、耶马溪、日田、吉井等地旅游。
5 月	长女笔子诞生。
9 月	登阿苏山。

明治三十三年〔1900〕 33 岁

5 月	被文部省选派为英国留学生。
7 月	回到东京，准备出国。
9 月 8 日	乘船从横滨出发。
10 月 28 日	抵达伦敦。
11 月	到大学听讲，至第二年 1 月停止。

明治三十四年〔1901〕 34 岁

1 月	次女恒子诞生。
5 月	池田菊苗抵伦敦，与漱石同住约两个月。受他的鼓动，漱石决心写《文学论》。自此以后，忍受留学费用不足和神经衰弱等痛苦，笼居公寓，潜

心研究。

明治三十五年（1902）　35岁

8 月　　神经衰弱恶化，日本有漱石发疯的传闻。为调节精神，学骑自行车。

10 月　　游苏格兰。

12 月 5 日　从伦敦启程回国。出发前得到子规去世的讣告。

明治三十六年（1903）　36岁

1 月 24 日　回到东京。

3 月　　迁居东京本乡驹迁千驮木町五十七号。

4 月　　出任第一高级中学讲师，东京大学英文科讲师。

7 月　　神经衰弱再度严重，与镜子分居约两个月。

9 月　　在东京大学开始讲《文学论》。

10 月　　三女荣子诞生。

　　　　学画水彩画。

11 月　　神经衰弱复发。

明治三十七年（1904）　37岁

4 月　　兼任明治大学讲师。

5 月　　发表《从军行》（《帝国文学》杂志）。

12 月　　写《我是猫》第一节。

明治三十八年（1905）　38岁

1 月　　《我是猫》开始在《杜鹃》上连载。发表《伦敦塔》（《帝国文学》杂志）、《卡莱尔博物馆》（《学灯》杂志）。

4 月	发表《幻影之盾》（《杜鹃》杂志）。
7 月	发表《琴的空音》（《七人》杂志）。
9 月	在东京大学开始讲"十八世纪英国文学"（后来以《文学评论》为题出版）。
10 月	《我是猫》上部出版（大仓书店）。
11 月	发表《薤露行》《一夜》（《中央公论》杂志）。
12 月	四女爱子诞生。
	森田草平、小宫丰隆、铃木三重吉、寺田寅彦等文学青年开始不断来访请教。

明治三十九年（1906） 39 岁

1 月	发表《趣味的遗传》（《帝国文学》杂志）。
4 月	发表《哥儿》（《杜鹃》杂志）。
5 月	《漾虚集》出版（大仓书店）。
8 月	《我是猫》完稿。
9 月	发表《旅宿》《草枕》（《新小说》杂志）。
	发表《落第》（《中学文艺》杂志）。
	岳父中根重一去世。
10 月	发表《二百十日》（《中央公论》杂志）。
	"周四会"开始举行。
11 月	《我是猫》中部出版（大仓书店）。
12 月	迁居本乡西片町十区乙七号。

明治四十年（1907） 40 岁

| 1 月 | 发表《疾风》（《杜鹃》杂志）。 |

2 月	开始与朝日新闻社交涉入社事宜。
3 月	决定加入朝日新闻社，从此成为专业作家。
5 月	《文学论》出版（大仓书店）。
	发表《入社辞》（《朝日新闻》）。
6 月	长子纯一诞生。
	《我是猫》下部出版（大仓书店）。
	《虞美人草》23 日开始在《朝日新闻》连载，至 10 月 29 日止。
9 月	迁居早稻田南町七号。
11 月	荒井来访，提供《矿工》素材。

明治四十一年（1908） 41 岁

1 月 1 日	《矿工》开始在《朝日新闻》连载，至 4 月 6 日止。
	《虞美人草》出版（春阳堂）。
6 月 13 日至 21 日	《文鸟》在《朝日新闻》连载。
7 至 8 月	《梦十夜》在《朝日新闻》连载。
9 月 1 日	《三四郎》开始在《朝日新闻》连载，至 12 月 29 日止。
9 月 15 日	发表《处女作追忆谈》（《文章世界》杂志）。
11 月 1 日	发表《文艺不足为男子一生之事业乎》（《新潮》杂志）。
	《旅宿》出版（春阳堂）。
12 月	次子伸六诞生。

明治四十二年（1909）　42 岁

1 月 1 日　发表《我度过的学生时代》（《中学世界》杂志）。

1 月　　　《永日小品》在《朝日新闻》连载。

3 月　　　养父盐原昌之助向其索取金钱，成为长篇小说
　　　　　《道草》的素材。

　　　　　《文学评论》出版（春阳堂）。

5 月　　　《三四郎》出版（春阳堂）。

6 月 27 日　《从此以后》开始在《朝日新闻》连载，至 10 月
　　　　　14 日止。

　　　　　《太阳》杂志为纪念创刊二十二周年举行名家投
　　　　　票，漱石得票最多，但拒绝接受金杯。

9 月　　　应中村是公之请到中国东北和朝鲜各地旅行。

11 月 25 日　创设《朝日文艺栏》，漱石主持，森田草平编辑，
　　　　　小宫丰隆协助。

明治四十三年（1910）　43 岁

3 月 1 日　《门》开始在《朝日新闻》连载，至 6 月 12 日止。

　　2 日　五女雏子诞生。

6 月 18 日　因胃溃疡住进长与肠胃病医院。

7 月 31 日　出院。

8 月　6 日　前往修善寺温泉，当夜病情恶化。

　　17 日　两次吐血。

　　24 日　因胃溃疡大吐血，不省人事，陷于危笃状态。

10 月 11 日　从修善寺回到东京，进入长与肠胃病医院。

29 日 《联想种种》开始在《朝日新闻》发表，至第二年 2 月 20 日止。

明治四十四年（1911）　44 岁

1 月　《门》出版（春阳堂）。

2 月　拒绝接受文部省授予的博士称号。

　　　出院。

6 月 17 日　应长野县教育会之请，前往当地讲演旅行。

8 月 11 日　参加大阪朝日新闻社主办的讲演旅行，前往明石、和歌山、大阪等地。讲演旅行结束后，在大阪胃溃疡复发，住进汤川肠胃病医院。

9 月 11 日　回到东京。

15 日　在佐藤医院做痔疮手术。

11 月　决定废止《朝日文艺栏》。

11 月 29 日　五女雏子暴病去世。

明治四十五年/大正元年（1912）　45 岁

1 月 1 日　《春分之后》开始在《朝日新闻》连载，至 4 月 29 日止。

8 月　游盐原、日光、轻井泽、上林、赤仓等地。

9 月　《春分之后》出版（春阳堂）。

　　　月末再次做痔疮手术，住院一周。

12 月 6 日　《行人》开始在《朝日新闻》连载，至第二年 4 月 7 日中断。

大正二年（1913）　46 岁

1 月　　　　神经衰弱再度复发，病情加重，持续到 6 月间。

3 月　　　　胃溃疡复发，卧床休养到 5 月末。《行人》连载
　　　　　　因此中断。

9 月 18 日　《行人》陆续发稿，至 11 月 15 日止。
　　　　　　这一年将户籍由北海道改为东京。

大正三年（1914）　47 岁

3 月 22 日　发表《文人的生活》（《朝日新闻》）。

4 月 20 日　《心》开始在《朝日新闻》连载，至 8 月 11 日止。

9 月　　　　胃溃疡复发，卧床休养一个月左右。
　　　　　　《心》出版（岩波书店）。

11 月 25 日　在学习院辅仁会做《我的个人主义》的讲演。

大正四年（1915）　48 岁

1 月 13 日　《玻璃门内》开始在《朝日新闻》连载，至 2 月
　　　　　　23 日止。

3 月　　　　下旬到京都旅行。在当地胃溃疡复发，镜子也从
　　　　　　东京赶去护理。

4 月 16 日　《玻璃门内》出版（岩波书店）。
　　　　　　回到东京。

6 月 3 日　《道草》开始在《朝日新闻》连载，至 9 月 10
　　　　　　日止。

10 月　　　《道草》出版（岩波书店）。

11 月　　　关节疼痛。

芥川龙之介、久米正雄等开始拜访漱石，参加"周四会"。

大正五年（1916）　49 岁

4 月　　　经医生诊断，关节疼痛不是风湿病而是糖尿病所致，从此以后连续治疗三个月。

5 月 26 日　《明暗》开始在《朝日新闻》连载。

热心写诗、作画。

11 月 16 日　举行最后一次"周四会"。

22 日　胃溃疡复发，卧床不起。

28 日　内脏大出血。

12 月 2 日　再次内脏大出血，医生要求绝对静养，谢绝会客。

8 日　医生表示绝望。

9 日　下午 6 时 45 分去世。

10 日　遗体解剖。

12 日　在青山斋场举行葬礼。

14 日　《明暗》遗稿发表完毕。

28 日　葬于杂司谷墓场。

附录二　夏目漱石的朋友与学生

赤木桁平

明治二十四年（1891）至昭和二十四年（1949）

评论家、政治家。他通过朋友铃木三吉与夏目漱石相遇，写下了漱石的第一本传记《夏目漱石》。赤木桁平是漱石山房"周四会"的常客，在《夏目漱石》中，多次回忆参加"周四会"的情景。

芥川龙之介

明治二十五年（1892）至昭和二年（1927）

小说家，代表作《罗生门》《竹林中》《鼻子》《偷盗》《舞会》《阿富的贞操》《偶人》《橘子》《一块地》《秋》等。

夏目漱石是芥川龙之介的老师。1915 年年末，芥川开始参加夏目的"周四会"，很快得到夏目的赏识；后于 1916 年写出《鼻子》后，受到夏目漱石的赞赏。从此夏目漱石对芥川龙之介产生了巨大的影响。但令人扼腕叹息的是，1916 年夏目健康状况急剧恶化并于 1916 年 12 月 9 日去世。

芥川龙之介参加了夏目漱石的葬礼，并写下记录性的文字：

> 先生的面颜有一半掩埋在纸片里，静静地闭合着双眼。正如蜡像一般，那轮廓同生前毫无两样。不过，表情总有些不同，除了嘴唇发黑、脸色改变之外，还有些地方不一样。我站在他面前几乎毫无感觉地行了礼。我有一种强烈的意识：这不是先生。[①]

芥川与夏目真正相识相知的时间并不长，但芥川应该是一直与夏目先生神交的。夏目漱石那或细腻雅致或明快诙谐的文笔一直备受芥川的敬重与推崇。

阿部次郎

明治十六年（1883）至昭和三十四年（1959）

哲学家、评论家。夏目漱石门下"四天王"之一，自传小说《三太郎的日记》成为大正时期的畅销书。提倡人格主义的思想，在美学上，他受里普斯的影响，主张移情说，并认为美的内容就是善，日本的美学应追求独自的民族因素。大正十二年（1923）开始长期担任东北帝国大学（东北大学）的教师。主要著作有《人格主义》《美学》《德川时代的艺术与社会》等。

---

① 引自《葬仪记》。

安倍能成

明治十六年（1883）至昭和四十一年（1966）

哲学家、评论家、教育者。夏目漱石门下"四天王"之一，在第一高等学校向漱石学习。后担任第一高等学校的校长，战后担任文部大臣和学习院大学的院长兼帝室博物馆馆长。他是康德研究的权威，是一个"彻底、纯粹的和平主义者"。代表作有《康德的实践哲学》《西洋古代中世哲学史》《岩波茂雄传》等。

岩波茂雄

明治十四年（1881）至昭和二十一年（1946）

岩波书店的创始人。岩波书店开业后，出版了很多漱石的作品。岩波书店的招牌是由文豪夏目漱石的字迹拼凑而成的。原来夏目漱石有一个门生叫安倍能成，与岩波茂雄是同学、好友，安倍把夏目介绍给岩波茂雄，请这位当时最流行的小说家题写店名。漱石写来写去，总觉得不满意，茂雄趁他不备，揣起了几张带回去，从中挑出四个字，拼凑成"岩波书店"。夏目漱石却仍然在家里奋力挥毫，得知后大怒。

内田百闲

明治二十二年（1889）至昭和四十六年（1971）

小说家、随笔家，并担任了夏目漱石全集的校对。作为作

家的代表作有《冥途》《伪作吾辈是猫》等。内田百闲从百闲县
立冈山中学毕业后，进了"六高"（即现在的冈山大学）学习。
16 岁时，家里的生意无法维持下去，父亲也亡故；17 岁时即开
始给报刊投稿；19 岁时即写出了小说《萨拉斯蒂的盘》；21 岁
进入东京帝国大学德文科。在学习期间，因为崇拜夏目漱石，
便去探病，进而拜夏目漱石为师，进入其文学圈子。毕业后在
芥川龙之介的推荐下，成为法政大学的教授。

作为长辈的夏目漱石和作为同门的芥川龙之介对他而言都
是无法超越的存在，他尝试幻想作品《冥途》时，为了区别于
两位师长，他选择写随笔的形式，而内容却类似小说。后来写
《芥川龙之介杂记帖》是对师兄的思忆；在岩波书店为《漱石全
集》编纂校阅，写的是《漱石山房纪》，这是弟子对恩师的
回报。

内田百闲和老师夏目漱石一样爱吃饼干，也仿佛"遗传"
了漱石内心拘谨的性格，在老师面前极少表露心迹，却也如一
般弟子喜爱收藏"漱石的纪念物"，并以此而扬扬自得。谁能料
到他收集的是什么？他收集的竟然是漱石的鼻毛！据说收集有
长、短共十根，其中还有两根金色的。保存大文豪的鼻毛，可
能是古今罕见、空前绝后的。

江口涣

明治二十年（1887）至昭和五十年（1975）

日本东京大学英语科毕业，小说家、评论家。1916 年从东

京帝国大学退学后，办过同人杂志《星座》，当过记者。1912年发表处女作《海上浮舟》，带有明显的唯美主义色彩。后受夏目漱石等作家影响，开始冷静地观察社会和人生，创作方法转向现实主义。成名作《一个女人的犯罪》，表现出批判的锋芒。江口涣是具有鲜明的人道主义思想倾向的作家，他关注下层普通市民的生活，同情弱者，反对法西斯军国主义的残暴与专横。

江口涣认为，日本自夏目漱石的《我是猫》诞生以来，30年间鲜见出色的讽刺文学。

菊池宽

明治二十一年（1888）至昭和二十三年（1948）

文艺春秋社创立者、小说家。他一边写小说和戏曲，一边创办文艺春秋社，开展了广泛的事业。

菊池宽是芥川龙之介的同学、文友，同为夏目漱石的学生。他们共同创办了第三、第四次《新思潮》杂志。菊池宽主张"人生第一而艺术第二"。对他而言，为读者服务是贯彻始终的职业信条。因此，他的作品受到广大读者的欢迎，通俗易懂且追求雅俗共赏。

久米正雄

明治二十四年（1891）至昭和二十七年（1952）

20世纪二三十年代日本最受欢迎的作家之一。他和芥川龙之介一道，拜小说家夏目漱石为师，其实当年二人一起投入夏目漱石门下时，久米比芥川更得老师器重。

夏目漱石门下十一弟子亦皆出类拔萃，各领风骚数十年，成绩有目共睹。久米正雄即为其中之一。久米也是夏目漱石门下唯一的"流行作家"，著有《阿武隈心中》《萤草》《破船》《墓参》等多部通俗小说。

漱石死后，他写了很多戏曲和面向大众的小说。

小宫丰隆
明治十七年（1884）至昭和四十一年（1966）

夏目漱石门下"四天王"之一，德文学者，文艺评论家。担任了《漱石全集》编辑的中心角色。早年热衷文艺评论，是"大正时代（1911—1924）最有教养的知识分子"。致力于夏目漱石研究工作，著有《夏目漱石传》《漱石的文学世界》等多部相关专辑，被评论家誉为"漱石研究第一人"。受阿部次郎之邀至东北帝国大学（东北大学）工作，退休后在学习院大学教书。

铃木三重吉
明治十五年（1882）至昭和十一年（1936）

小说家、童话作家、杂志编集发行者。自幼对文学发生兴趣，就读京都第三高中后，1904 年入东京帝国大学英文系，直接受作家夏目漱石的指导和影响。他的习作短篇小说《千鸟》，经夏目推荐，刊登在《杜鹃》杂志上。1907 年发表短篇小说集《千代纸》，汇集《三月七日》《千鸟》《山彦》等早期作品，从而作为唯美的浪漫的作家而登上文坛并受到欢迎。

高滨虚子
明治七年（1874）至昭和三十四年（1959）

俳句诗人、小说家。正冈子规的高徒，协助子规编辑刊物《不如归》。子规亡故后，针对河东碧梧桐的新倾向，其坚守子规的传统，以写生风格的"花鸟讽咏"理念确立其在俳坛的中心地位。昭和二十九年（1954）获得文化勋章。他建议夏目漱石写小说，随后夏目漱石就写了《我是猫》。

津田青枫
明治十三年（1880）至昭和五十三年（1978）

画家。他曾参与《道草》《明暗》等夏目漱石的书籍装订工作。

寺田寅彦
明治十一年（1878）至昭和十年（1935）

物理学家、随笔家。在物理学研究的同时，用吉村冬彦的名字写了很多随笔。曾任东京帝国大学教授。著有《漱石俳句研究》《寺田寅彦随笔集》等。

1896 年进入熊本县第五高等学校读书，师从文科和英语教授夏目漱石以及物理教授田丸卓郎。1899 年考入东京帝国大学物理专业。毕业后任教，1916 年起任东京帝国大学教授。

早在中学时期，寺田寅彦即与已是著名作家的夏目漱石结下了深厚的友谊，并向他学习俳句创作手法，经常利用课余时间进行俳句创作和开展朗诵活动，作品也常出现在作家正冈子规办的《日本报》上。其间，师徒俩还共同研习西欧名师的水彩画，也一起听音乐会。

后来，寺田寅彦在从事物理学研究的同时，还热心于随笔创作，他将诗心和科魂一体化，创造出科学与文学相融合的独特文体，在日本文学中占有一席之地。《追怀夏目漱石先生》即是他回首往事的精彩之作。他的作品多以"吉村冬彦"的笔名发表，文章晶莹剔透，有"洞穿事物本质的超越直感力"。

中勘助
明治十八年（1885）至昭和四十年（1965）

小说家、诗人、随笔家。是夏目漱石在第一高等学校任教时的学生，小说《银之匙》获得了很高的评价。

野上丰一郎

明治十六年（1883）至昭和二十五年（1950）

能乐研究者、英国文学研究者。从事英国文学研究，特别擅长演剧研究，后来以能乐研究闻名，担任教员的法政大学设立了以其名字命名的能乐研究所。妻子是小说家野上弥生子。

野村伝四

明治十三年（1880）至昭和二十三年（1948）

夏目漱石的学生，明治三十七年（1904）前后与寺田寅彦、野间真纲、高滨虚子和桥口贡等人经常去夏目漱石家中讨论文学。担任学校教师后，成了奈良县立图书馆的馆长。同时，他也致力于家乡鹿儿岛的方言研究。

林原耕三

明治二十年（1887）至昭和五十年（1975）

英国文学研究者、俳句诗人。他把久米正雄、芥川龙之介介绍给了漱石。大学毕业后一边在大学教书，一边也热心于俳句创作。

林原耕三家境贫寒，没钱交大学学费，夏目漱石帮助了他，借钱给他渡过了难关。

松冈让

明治二十四年（1891）至昭和四十四年（1969）

小说家。新潟县出生，东京帝国大学毕业，和芥川龙之介、久米正雄一样是夏目漱石的门生。编辑了夏目漱石的妻子镜子的谈话，并出版了《漱石的回忆》。大正六年（1917）与漱石的长女结婚，受到了世人的瞩目。代表作有《保护法城的人们》《地狱之门》等。

松根东洋城

明治十一年（1878）至昭和三十九年（1964）

俳句诗人，在爱媛县普通中学向漱石学习。到东京后，在漱石的介绍下遇到了正冈子规，开始写俳句，创办了杂志《涩柿》。

森田草平

明治十四年（1881）至昭和二十四年（1949）

与阿部次郎、安倍能成、小宫丰隆并称夏目漱石门下"四天王"。1909年，凭借长篇小说《煤烟》一举成名，其后发表《初恋》《轮回》，被评论界称作"开创世情小说新境地的第一人"。从20世纪20年代起，他致力于英语语言文学翻译工作，成绩斐然。森田一生敬业勤奋，孜孜不倦，死后被日本文坛公认是"漱石永远的弟子"。

和辻哲郎

明治二十二年（1889）至昭和三十五年（1960）

伦理学者、哲学家、东洋文化研究专家。1927年留德归来后，写成代表作《风土》，书中对亚洲和欧洲各地风土人情，以及各自地域文化的传统特质和关系论述周密，言必有据，"是日本比较文化研究的集大成者"。此外，和辻还历时三十年独自编辑《伦理学》，另有重要专著《日本精神史研究》《原始基督教之文化史的意义》等。

虽然不是夏目漱石的学生，但因为敬爱漱石而开始与他交往。昭和九年（1934）开始作为东京大学教授一直工作到退休。

池田菊苗

元治元年（1864）至昭和十一年（1936）

化学家。在伦敦时，夏目漱石曾跟化学家池田菊苗做过一段时间室友，受到了不局限于科学的知识的深度影响。池田菊苗因发现了味精而被大众熟知。曾任东京帝国大学教授、帝国学士院会员等职。

狩野亨吉

庆应元年（1865）至昭和十七年（1942）

哲学家、教育家。他和夏目漱石在第一高等学校是同事，一直以朋友相交。曾任第一高等学校校长、京都帝国大学文化大学校长等职。

菅虎雄

元治元年（1864）至昭和十八年（1943）

教育者、书法家。夏目漱石的好友，也是第一高等学校的教授。在他的介绍下，夏目漱石前往正冈子规的故乡松山任教。夏目漱石墓碑上的"文献院古道漱石居士"就是菅虎雄的笔迹。

中村是公

庆应三年（1867）至昭和二年（1927）

日本政客，曾担任过东京市长。作为夏目漱石的好友而广为人知，为人性格豪爽磊落。

正冈子规

庆应三年（1867）至明治三十五年（1902）

俳句诗人、和歌诗人。是夏目漱石在第一高等中学任教时的朋友，创办俳句诗人组织"松风会"，并于1897年参与创办《杜鹃》杂志，同高滨虚子、河东碧梧桐、夏目漱石等诗人和作家一起，全力支持该杂志，使《杜鹃》大有一统整个俳句诗坛之势，对后世产生很大影响。

图书在版编目（CIP）数据

夏目漱石回忆录 /（日）夏目漱石著；陈修齐译
. -- 苏州 : 古吴轩出版社, 2020.6
ISBN 978-7-5546-1559-1

Ⅰ.①夏… Ⅱ.①夏… ②陈… Ⅲ.①夏目漱石（
1867-1916）－回忆录 Ⅳ.①K833.135.6

中国版本图书馆CIP数据核字(2020)第097534号

责任编辑：韩桂丽
见习编辑：李　倩
责任校对：孙佳颖　沈　玥

书　　　名：夏目漱石回忆录
著　　　者：〔日〕夏目漱石
译　　　者：陈修齐
出版发行：古吴轩出版社
　　　　　地址：苏州市十梓街458号　　邮编：215006
　　　　　电话：0512-65233679　　传真：0512-65220750
出 版 人：尹剑峰
印　　　刷：无锡市证券印刷有限公司
开　　　本：880×1240　1/32
印　　　张：5
版　　　次：2020年6月第1版　第1次印刷
书　　　号：ISBN 978-7-5546-1559-1
定　　　价：36.00元